SOCIÉTÉ

DES

BIBLIOPHILES NORMANDS

I0203776

LA DÉFENSE DU CID

REPRODUITE D'APRÈS L'IMPRIMÉ DE 1637

ET

OBSERVATIONS SUR LES SENTIMENTS

DE L'ACADÉMIE FRANÇAISE

PUBLIÉES D'APRÈS UN MS. DE LA BIBLIOTHÈQUE SAINTE-GENEVIÈVE

PRÉCÉDÉES DE REMARQUES SUR QUELQUES ÉCRITS PUBLIÉS
A L'OCCASION DE LA QUERELLE DU CID,

PAR

C. LORMIER.

ROUEN

IMPRIMERIE DE HENRY BOISSEL

—

MDCCC.LXXIX.

8.2
33435
(33)

INTRODUCTION.

Dans la longue et pénible histoire des injustes critiques lancées par l'envie contre les écrivains qui devaient
être un jour la gloire de leur pays, l'épisode qui se ratta-
che à l'auteur du *Cid* est peut-être le plus généralement
connu dans son ensemble, et le plus ignoré dans ses détails. Les deux années pendant lesquelles Corneille sem-
bla s'être à jamais retiré de la scène, les chefs-d'œuvre,
fruits de sa retraite, qui apparurent tout d'un coup et
firent longtemps retentir les échos du seul bruit des
applaudissements, enfin la noblesse de son âme à jamais
oublieuse des insultes d'autrefois, ne laissèrent bientôt
de la persécution des Scudéry, des Mairet, des Claveret
et des autres pamphlétaires, qu'un assez vague souvenir.
Presque tous les écrits traitant de cette querelle dispa-
rurent; ceux qui avaient attaqué furent rejetés comme

mensongers et pleins d'une haine odieuse, ceux qui avaient répondu à ces attaques, furent délaissés comme inutiles, ou comme ne parlant déjà plus de l'auteur applaudi avec tous les éloges que ses nouveaux succès lui avaient mérités. C'était justice et ce fut un malheur. L'étude du caractère de Corneille, qu'il me soit permis de le dire, sans paraître soutenir un paradoxe, souffrit et souffre encore de cette disparition. Lorsque les biographes ont raconté la vie du grand tragique pendant cette période si difficile, il semble qu'ils n'ont pas mis, pour le défendre de quelques fâcheuses imputations, la fermeté, l'ardeur qu'ils auraient déployées, si certains de ces documents n'avaient point échappé à leur examen, si certains autres avaient été par eux lus à loisir, et non pas seulement aperçus. C'est ainsi qu'ils ne sont pas éloignés de trouver, en plusieurs endroits, dignes de reproches par leur verdeur et même leur violence, les écrits que publia Corneille contre ses adversaires. Heureusement les recherches des bibliographes et des admirateurs du poëte ont pu retrouver et ramasser, dans leur abandon, presque toutes les pièces utiles pour éclairer, pour jûger en dernier ressort cette intéressante question. Corneille au milieu des humiliations profondes, blessantes, sans exemple, que tentent de lui infliger ses adversaires, y semble plutôt calme et réservé que violent et emporté. Au lieu de la forfanterie et de la pusil-

lanimité ridicules dont se plaisaient à l'accuser ses ennemis, son caractère montre cette simplicité noble qui. a
conscience de sa propre valeur, sans chercher à nier ou à
amoindrir les qualités des autres, enfin cette manière
d'être vraiment digne que nous lui retrouvons aux autres
époques de son existence. Bien que ce ne soit pas ici,
dans les limites restreintes d'une introduction, que cette
proposition pourrait être examinée comme il convien-
drait, surtout avec les développements qu'elle comporte,
qu'il me soit permis cependant, rempli de cette pensée,
après une lecture attentive des écrits publiés pour et
contre le Cid, d'en laisser apparaître, par quelques points,
la facile démonstration.

Au moment du plus grand succès de sa pièce, Corneille
inopinément surpris, d'abord par les sourds murmures
des poëtes ses rivaux, bientôt par leurs injurieuses et
irritantes imputations de simple traducteur, de copiste,
de voleur, d'ignorant, d'auteur immoral, produisit, en sa
verve juvénile, sous le coup de la plus légitime indignation, son Excuse à Ariste. Pourrait-on s'étonner, surtout le
blâmer, si, pour faire taire ces clameurs, ces insupportables insultes, il se montre dans cette Epitre, fier, indépen-
dant, confiant dans cette Muse qui, tout à l'heure, a si
bien répondu à son appel, et le remplit encore au fond de
lui même de si nobles transports. Tout en répandant
dans ces vers quelques allusions satiriques, il le fait

avec assez de prudence pour n'offenser que ceux qui s'y voudront bien reconnaître (1). Ce fut cependant, pour tous les mécontents, comme le coup d'aiguillon et l'occasion offerte de commencer ouvertement les hostilités. Scudéry, cet officier revenu de l'armée sans

---

(1) Mairet ne manqua sans doute pas de prendre pour lui le trait qui lui était en effet adressé dans le dernier de ces vers :

> J'ai peu de voix pour moi, mais je les ai sans brigue
> Et mon ambition, pour faire plus de bruit
> Ne les va pas queter de reduit en reduit.

Si, ce qui est peu probable, il ne sut pas d'abord s'y reconnaitre, l'explication lui en fut bientôt donnée en ces termes fort précis dans l'*Avertissement au Besançonnois Mairet*, pièce anonyme qui a quelquefois été, sans raisons bien plausibles, attribuée à Corneille lui-même : « On sait le petit commerce que vous pratiquez, et que vous n'avez point d'applaudissements que vous ne gagniez à force de sonnets et de reverences. »

Pour Scudéry, comment ne se serait-il pas inquiété de ces autres vers :

> Là content des succès que le merite donne
> Par d'illustres avis je n'eblouis personne.

Il venait précisément de publier au commencement de son *Lygdamon* un long et pompeux avis au public sous ce titre : *A qui lit*. On y lisait, entre autres éloges donnés par l'auteur à son livre : « Jamais ouvrage de cette sorte n'eut plus de bruit, et jamais chose violente n'eut plus longue durée. Tous les hommes suivoient ceste piece partout où elle se representoit, les dames en savoient les stances par cœur, et il se trouve encore mille honnestes gens qui soutiennent que je n'ai jamais rien fait de plus beau, tant ce faux enchanteur charme veritablement tout le monde. » — Bien que ce rapprochement n'ait été fait par aucun commentateur, il me paraît incontestable.

exploits bien avérés, ce poëte fécond aux succès incer-
tains, qui venait de se faire représenter au frontis-
pice d'une de ses œuvres en se décernant ces deux rimes
outrecuidantes :

> Et poëte et guerrier,
> Il aura du laurier.

Scudéry se fait précisément le champion de la modes-
tie qu'on prétend offensée par l'Epitre de Corneille. Je ne
rappellerai pas les injures contenues dans les *Observations sur le Cid*, elles n'ont été que trop fréquemment reproduites. Malgré tout le ressentiment qu'il en éprouva,
l'Auteur attaqué par ce libelle et par nombre de lettres
particulières, dont le poursuivait sans relâche son ardent
persécuteur (1), se défendit avec émotion, il est vrai,
mais à la fois sur un ton calme, tout au plus, à quelques
endroits, laissa-t-il paraître l'ironie et le dédain.

Un jour son ton change, son humeur s'échauffe, sa
plume frémit, il ne doit plus répondre à une attaque se
dissimulant, tant bien que mal, sous le prétexte d'une
critique littéraire ; mais il est en présence d'une brutale
et impudente accusation de plagiat formulée par le poëte

_____

(1) La *Lettre apologetique du Sr Corneille, contenant sa Response
aux Observations faites par le Sr Scudery sur le* Cid commence par ces
mots : « Monsieur, Il ne vous suffit pas que vostre libelle me deschire
en public, vos lettres me viennent quereller jusques dans mon Cabi-
net et vous m'envoyez d'injustes accusations.... »

Mairet. Celui-ci, faisant revivre et parler l'auteur espagnol du *Cid*, ose, à l'aide de cette fiction, reprocher à Corneille, en des vers aussi mauvais que malintentionnés, le prétendu vol de son œuvre.

Je parle à toy vanteur, dont l'audace achevée
S'est depuis quelques jours dans le Ciel eslevée,
Au mespris de la terre, et de ses habitans,
A toy dont l'insolence en tes escrits semée
Et bien digne du fast des plus foux Capitans,
Soustient que ton merite a fait ta renommée.

Les noms de deux ou trois, dont tu veux faire acroire,
Qu'en les traittant d'esgaux tu les combles de gloire
Dans l'Espagne, et plus outre avoient déja couru,
Mais de ton froid esprit qui se paist de fumée,
Rien certes dans Madrid n'avoit jamais paru,
Et le Cid seulement y fait ta renommée.

Je croy que ce sujet esclatant sur la scene,
Puisqu'il ravit le Tage a peu ravir la Seine ;
Mais il ne falloit pas en offencer l'AUTHEUR,
Et par une impudence en orgueil confirmée,
Asseurer d'un langage aussi vain qu'imposteur,
Que tu dois à toy seul toute ta renommée.

Tu ne dois te vanter en ce fameux ouvrage
Que d'un vers assez foible en ton propre langage,
Qui par ton ignorance oste l'honneur au mien,
(Tant sa force et sa grace, en est mal exprimée)
Cependant orgueilleux, et riche de mon bien,
Tu dis que ton merite a fait ta renommée.

Bien, bien, j'iray parestre avec toute asseurance
Parmy les Courtysans et le peuple de France,
Avec un privilege et passe-port du Roy,
Alors ma propre gloire, en ta langue imprimée,
Descouvrira ta honte, et mon Cid fera foy
Que le tien luy devoit toute sa renommée.

Donc fier de mon plumage, en Corneille d'Horace,
Ne pretends plus voler plus haut que le Parnasse,
Ingrat rends moy mon Cid jusques au dernier mot,
Apres tu connestras, Corneille déplumée,
Que l'esprit le plus vain est souvent le plus sot,
Et qu'enfin tu me dois toute ta renommée.

Ce pitoyable écrit (1) fut colporté de tout côté, distribué à profusion par Claveret, qui fit ainsi son entrée dans cette polémique, et ne se retira qu'après avoir osé à son tour, exploit digne de sa valeur, frapper lourdement du pied le lion qu'il croyait mortellement atteint par les traits de ses ennemis.

La réponse à Mairet fut ce fameux rondeau, dans lequel Corneille a paru franchir les bornes d'une polémique courtoise, et même celles d'un langage honnête :

(1) Le placard contenant ces vers était signé *Don Balthazar de la Verdad*. Mairet, qui prétendait y faire parler l'auteur du Cid espagnol, avant de mettre ce nom et de taxer Corneille d'ignorance, n'avait omis qu'un point utile, c'était d'apprendre que Guillen de Castro était le poëte auquel avait été fait l'emprunt fort légitime de la donnée dramatique.

2

Qu'il fasse mieux, ce jeune jouvencel
A qui le Cid donne tant de martel,
Que d'entasser injure sur injure,
Rimer de rage une lourde imposture,
Et se cacher ainsi qu'un criminel.

Chacun connoit son jaloux naturel
Le montre au doigt comme un fou solennel
Et ne croit pas, en sa bonne écriture,
    Qu'il fasse mieux.

Paris entier, ayant lu son cartel
L'envoie au diable et sa muse au bo....;
Moi, j'ai pitié des peines qu'il endure ;
Et comme ami je le prie et conjure,
S'il veut ternir un ouvrage immortel,
    Qu'il fasse mieux.

On a toujours cru que Corneille, en écrivant le mot resté ici inachevé, mais que les premières lettres et la rime indiquent assez, avait seulement obéi à un élan de colère irréfléchi ; bien au contraire, ce mot, moins malsonnant en son temps qu'au nôtre, et que Boileau employait encore dans la première édition de son *Art poëtique*, avait été exprès choisi, placé avec intention. On peut s'étonner que ses commentateurs, au lieu de le lui reprocher, ne l'aient pas excusé, expliqué en faisant comprendre l'allusion certaine qu'il contenait. En 1626, Mairet empruntant à la littérature espagnole un de ses sujets les moins propres à la dignité de la scène française, avait écrit une comédie, *Les galanteries du Duc d'Ossonne*, d'une licence inaccoutumée ; tous les personnages montraient une immoralité révoltante, les hommes faisant assaut de libertinage et les femmes de la plus rare effronterie. Si cette pièce avait été quelquefois jouée, au moins elle était restée inédite jusqu'en 1636. Or Mairet venait, imprudemment, d'en renouveler le souvenir, on pourrait dire le scandale, en la faisant imprimer et mettre en vente chez le libraire Pierre Rocolet. A Corneille, qu'une ligue jalouse semblait vouloir accabler sous les injustes reproches de plagiat, d'immoralité, l'occasion ne se présentait-elle pas favorable pour rappeler au public ce que valaient quelquefois ses accusateurs, en nommant, si honteux fût-il, l'endroit où tel de ces poëtes paraissait avoir copié ses types et trouvé son inspiration ? (1).

(1) Ce n'est pas la seule fois, qu'avec une intention satirique, il ait été fait allusion à cette pièce de Mairet ; dans la *Responce de *** a *** sous le nom d'Ariste*, Paris, 1637, l'auteur dit au milieu d'une longue tirade ironique : « .... J'eusse loué le Duc d'Aussone et eusse dit que l'esprit de l'Autheur y est miraculeux... qu'il a voulu par le mesme Poëme bannir les honnestes femmes de la Comedie, qui n'ont jamais pu souffrir les paroles ny les actions de ses deux Heroïnes. » Dans l'*Avertissement au Besançonnois Mairet*, il est encore deux fois question, avec le même blâme, de cette triste production dramatique. A un endroit on lit : « Les impudicités du *Duc d'Ossonne* et les coqueteries de *Sophonisbe*, ont merité l'impression, si l'on vous en croit, et celle du *Cid* devoit être differée pour cent et un an ! » Et vers

J'ignore si c'est Mairet qui prit lui-même le soin de se louer dans l'in-4° anonyme intitulé : *Apologie pour Monsieur Mairet contre les calomnies du sieur Corneille, de Rouen*, ou si quelqu'un de ses intimes amis lui prêta l'aide de sa plume ; il importe peu, si l'on veut seulement observer et mettre en relief dans ce rare pamphlet l'aménité de la critique, les limites définitivement assignées à une polémique courtoise, et la réserve de style qu'on a le droit d'appeler honnête. Voici, sans recherches trop attentives, les expressions qu'on y rencontre à l'adresse de Corneille :

« Votre ignorance crasse pour le métier que vous professez » ... Ailleurs : « Dans votre imaginaire et fallote *Excuse à Ariste*, vous estallez une nouvelle morale avec des vers qui demandent l'aumosne et le chemin des petites maisons. . » Plus loin.: « Monsieur Mairet devoit vous tailler en pieces après les actes d'hostilité que vous avouez avoir exercez envers luy. » Ailleurs encore : « Soit que vous abondiez en phlegme et en pituite ce qui paroist à la froideur de vos escrits et plus visiblement encore à cette indeficiente roupie qui distille en toutes saisons de l'alambic de votre nez.... » Enfin, car le dé-

la fin : « Je vous donnerai seulement un mot d'avis qui est de ne mêler plus d'impietés dans les prostitutions de vos heroïnes, ... les anges de lumière de votre Duc sont des profanations qui font horreur à tout le monde. »

goût causé par ces derniers mots arrête la curiosité
d'un plus long examen, ne signalons plus que la délica-
tesse de l'auteur dans l'emploi de l'ironie : « M. Corneille,
mon amy, quand vous nous donneriez autant de petit Cid
qu'un asne en pourroit porter, en bonne foy, je ne voudrois pas estre en votre place, après les sottises que vous
avez faites. »

A la suite de telles citations, est-il besoin d'aller plus
avant chercher dans cet amas de pamphlets, d'interroger
encore les Claveret ou toutes ces autres jalousies hypo-
crites qui ont prudemment caché leur nom à la postérité?
Non, car on se sent déjà en droit de conclure avec un
contemporain (1) « que quand M. Corneille a dit : « *Je
ne dois qu'à moy seul toute ma renommée*, il a parlé raisonna-
blement et véritablement », que la légitimité, la dignité,
je dirai sans crainte la réserve de sa défense, sont définitivement établies. Les seuls sentiments qu'on éprouve,
après l'étude de cette déplorable querelle, sont d'abord
la surprise et le trouble d'un tel débordement de basses
injures, jetées sans pudeur à un homme dont la seule
faute avait consisté dans l'éclat soudain, imprévu de son
génie, ensuite et surtout l'admiration devant la générosi-
té sans exemple du Poëte qui, à partir du jour où il fut
reconnu supérieur à ses rivaux, ne laissa échapper de sa

(1) *L'Amy du Cid à Claveret*. Paris, 1037.

plume, pendant sa longue existence, au milieu de ses nombreux écrits, ni un vers, ni un mot réveillant avec aigreur le souvenir de ces tristes débats.

S'il est vrai de dire que les documents de la querelle au sujet de la tragédie du *Cid* sont, pour la plupart, difficiles à rencontrer, il en est deux, au contraire, *les Observations de Scudéry* et *les Sentiments de l'Académie française* qui, réimprimés fréquemment et mêlés aux œuvres de Corneille, se trouvent sans grandes recherches. C'est dans une édition publiée à Amsterdam, chez Henry Desbordes, en 1701, qu'ils ont été introduits pour la première fois. Le désir de faire un recueil plus ample que les précédents, contenant des matières que n'avaient point données les éditions antérieures, pour cela d'une valeur vénale plus grande, et non, on le comprend, le souci de la gloire de l'auteur, en inspira la pensée. A partir de cette époque jusqu'à la fin du siècle dernier, l'habitude de cette double reproduction s'établit définitivement. Cependant, ni par son origine, ni par son style, ni par la valeur de sa critique l'œuvre de Scudéry ne méritait cet honneur. L'auteur, mort en 1667, était déjà bien oublié ; la jalousie lui avait fait écrire ces pages qui n'étaient qu'injures, emphases, déclamations, étalage affecté d'un savoir fort douteux, ces *Observations* étaient futiles, et, le plus souvent, portaient à faux. Peut-être encore, pour expliquer cette singulière annexe aux œuvres de Corneille, doit-on croire que la nécessité de faire comprendre le jugement, d'ailleurs si peu équitable, rendu entre les deux partis, mettait les éditeurs dans l'obligation de faire précéder *les Sentiments de l'Académie française* (la pièce qu'on pouvait surtout croire intéressante pour le public) de l'acte d'accusation dressé si minutieusement par Scudéry. Quoiqu'il en soit, c'était à la gloire de Corneille une sorte d'atteinte contre laquelle il semble qu'on puisse encore aujourd'hui protester. C'est ce que tente de faire la publication des deux réfutations placées ci-après, l'une combattant la critique de *l'Observateur*, comme on disait alors, l'autre examinant et discutant le jugement du corps académique; la première et la dernière défense écrite au nom de l'auteur à l'époque de cette querelle.

Au commencement de 1637, aussitôt après la publication des *Observations*, parut une réponse en faveur de Corneille, intitulée : *Défense du Cid;* elle eut pour effet, non de réduire Scudéry au silence, mais de le troubler et de l'irriter profondément. L'auteur, aujourd'hui inconnu de cette défense, avait deviné de quelle plume était sorti le premier pamphlet, compris et stigmatisé le motif de l'attaque; parfois aussi il avait heureusement démontré combien étaient vaines les critiques faites du chef-d'œuvre objet de l'attention de tous.

Longtemps les bibliographes ont inutilement tenté de

retrouver cet écrit. C'est à la relation de Corneille lui-
même, des frères Parfait et de Niceron, que M. Tas-
chereau, qui avouait ne l'avoir pas vu, en avait parlé
en 1829 dans la première édition de son étude si bien
faite sur la vie et les œuvres du grand tragique. En 1855
et en 1869, la seconde et la dernière édition, il revint
sur l'intérêt que lui semblait devoir présenter cette réponse à Scudéry, avouant que tous ses efforts poursuivis
pendant plus de quarante ans, étaient restés inutiles, et
se prenant à douter alors, par les divergences remar-
quées dans sa description, que la plupart de ceux qui en
avaient parlé eussent été à cet égard plus favorisés que
lui-même. M. Marty Laveaux, au temps où il élevait à
la gloire de Corneille son plus beau monument, par le
soin et l'intelligence mis à recueillir et à publier ses
œuvres (Hachette, 1862-1868), a parlé aussi de la *Défense
du Cid*, d'après des notes laissées par Van Praet, mais
sans hésiter à dire qu'il n'avait pu découvrir le précieux
opuscule. C'est à M. Picot, dans son excellente *Bibliographie
Cornélienne*, que revient l'honneur d'avoir, le premier,
parlé *de visu* de cet opuscule ; il en a signalé la présence
dans la Bibliothèque Sainte-Geneviève (1).

(1) M. Picot indique cette plaquette en 28 pages in-4° et s'étonne que
Van Praet, d'après ses notes, lui en ait vu 32 ; ce dernier chiffre est
pourtant exact. Il est à remarquer qu'après la page 28, l'exemplaire de
la Bibliothèque Sainte-Geneviève présente des erreurs dans le numé-

C'est la première des deux pièces reproduites ci-après.
Autant que l'a permis le format plus petit, la physionomie
de l'original a été conservée et aussi le fleuron du titre,
la tête de page et les deux lettres majuscules. Il y avait,
à prendre ce soin, un intérêt justement signalé par
M. Picot; peut-être pourrait-on se mettre, par l'examen
de ces détails, sur la trace de l'auteur en constatant si
l'impression était de Paris ou de Rouen. Elle ne paraît
pas être de cette dernière ville, ni chez Laurens Maurry,
ni chez aucun autre libraire ou éditeur rouennais, je n'ai
trouvé réunis ces ornements typographiques alors d'un
emploi assez banal. On les voit, au contraire, souvent
ensemble dans les volumes in-4° publiés à Paris chez
Toussainct Quinet; en particulier ils se rencontrent tous
dans son édition des *Œuvres du Sieur de Saint-Amand*,
donnée en 1642-1643.

La seconde pièce : *Observations sur les Sentiments de
l'Académie françoise* a été également révélée par la *Bibliographie Cornélienne* et indiquée aussi comme faisant partie
de la Bibliothèque Sainte-Geneviève. Curieuse à un autre
point de vue que la *Deffense du Cid*, elle n'est pas du

rotage des feuillets ainsi disposé : 28-25-30-31-28. J'ai vu moi-même
depuis, à la Bibliothèque Nationale, un second exemplaire de la
Deffense (Y. 58232 Réserve) en tout semblable au premier, mais dans
lequel cette erreur de pagination, reconnue sans doute pendant le
tirage, a été rectifiée; tous les chiffres se suivent, et la dernière page
est bien cotée 32.

3

nombre de ces livrets qui prirent une part active à la
lutte, elle est restée manuscrite (1). C'est l'œuvre rapide-
ment rédigée, mais sincère, convaincue d'un ami de Corneille. que la dernière et plus fàcheuse critique avait
rempli d'un juste déplaisir. S'il paraît probable qu'aussi.
tôt après avoir été composée, il s'en répandit quelques
copies, il paraît plus certain encore qu'elle n'a jamais été
imprimée. Il serait difficile de préciser la raison qui em.
pêcha cette publication ; peut-être le Poëte s'y opposa-t-il,
découragé, lassé d'une polémique dans laquelle il com-
prenait que les meilleures raisons ne prévaudraient
jamais contre le prestige de l'Académie, surtout contre
la puissance du Ministre, le grand moteur partout aperçu
en cette affaire ; peut-être, et c'est la pensée à laquelle il
se faut plutôt arrêter, y eut-il défense formelle de contre-
dire aux décisions de ce nouveau tribunal qui avait eu
tant de peine, et passé tant de jours à formuler son premier arrêt

On pourrait d'autant mieux le croire qu'il n'y eut plus,
à partir de cette époque, qu'un seul livre publié sur le
Cid, et en sa faveur. Or, s'il examine à nouveau, pour les
combattre, toutes les critiques faites depuis le commen-

(1) Ce manuscrit, d'une belle écriture du temps, se compose de
35 ff. in-4°, non chiffrés ; il fait partie du recueil couvert en vélin
(Y. 458 (3) Réserve) qui contient, parmi d'autres pièces pour et contre
le Cid, *la Deffense*.

cement de ces débats, il s'en prend surtout aux *Observa-*
tions de Scudéry et évite, avec autant de soin que possible,
de toucher aux *Sentiments de l'Académie*. Ce curieux petit
volume, qui appartient à la Bibliothèque de l'Arsenal, est
intitulé : *l'Innocence et le veritable Amour de Chymene. Dedié*
aux dames. Imprimée cette Année M.DC.XXXVIII, in-8,
47 pp.; il mérite autant par son extrème rareté que par
ses intentions et son excellente conclusion d'arrêter un
moment les regards ; j'en citerai quelques passages :

« Pouvez-vous bien souffrir, Mesdames, que celle qui
a paru comme un soleil au Ciel de vos Beautez..... soit
aujourdhuy obscurcie et prophanée par des blasphemes
insupportables..... »

« C'est neanmoins ce que fait aujourdhuy le Censeur
du *Cid* qui accuse, sur la seule apparence, la Reyne des
Beautez, Chymene, et la blame d'avoir preferé l'amour à
l'honneur et au devoir que l'humanité exige de nous,
disant que son amour est une infame passion et, en con-
sequence, se plaint que l'on pare aujourdhuy le vice des
ornements de la vertu, prenant pour appuy l'oracle des
jugements de l'Academie françoise(1) qui charge Chymene
d'avoir trahy ses obligations naturelles en faveur de sa
passion..... »

« Pourquoy donc reprenez-vous Chymene d'avoir

---

(1) C'est le seul endroit, dans tout le livre, où il soit question de
l'Académie.

aymé Rodrigue ? Vous l'accusez d'avoir aymé un criminel
et le meurtrier de son père ; dites-moy, je vous prie,
appelez-vous un homme criminel pour avoir defendu
l'honneur de sa maison, et un meurtrier celuy qui a tué
dans l'honneur ? Mais quand meme Rodrigue seroit
criminel au regard de Chymene, elle ne l'ayme pas
comme criminel, elle l'ayme comme vertueux et le plus
genereux des hommes ; Chymene ne peut-être blamée
de son amour puisque l'engagement de son amour à Rodrigue avoit precedé la mort de son pere. Il n'est pas
toujours, dit Senec, en la puissance d'une personne de
cesser d'aymer quand il luy plait, et Chymene etant ma-
riée à Rodrigue de volonté (la vraye nature du mariage
consistant en cette union, selon l'opinion meme de l'Observateur du *Cid)* n'etoit-elle pas obligée de l'aymer .... »

... « Mais laissant tous ces sentiments à part, je veux
faire voir que Chymene a plus donné à la mort de son
pere qu'à son amour. Sitot quelle receut cette funeste
nouvelle de la mort de son pere. elle versa une si grande
abondance de larmes, qu'elle pensa se noyer et abimer
dans ses pleurs, perdant la respiration dans la foule de
ses sanglots et sans aucun delay, elle alla en ce triste
etat trouver le Roy et, presque pâmée, se jette à ses
pieds, implore sa justice par ses pleurs et ses soupirs
qui faisoient parestre davantage les tristes pensées de son
âme que de simples paroles.....

.... « Chymene n'a pas (comme dit le Censeur) pour-
suivi lâchement la vengeance de la mort de son pere ni
preferé les sentiments de son amour à ceux de la nature. »

.... « L'auteur du *Cid* a juste sujet de dire avec l'Homere
françois (que l'envie n'a, non plus autrefois, epargné
que luy) :

> L'un lit mes œuvres pour apprendre,
> L'autre les lit comme envieux ;
> Il est bien aisé de reprendre
> Mais mal-aisé de faire mieux.

« Il falloit que le Censeur fît un second poëme sur la
meme matiere où les defauts du premier eussent eté doucement corrigez, et, par ce moyen, il s'eut fait plus
admirer que le premier au lieu de causer une querelle et
une division parmy les esprits. Il paroit plus de bonté à
louer ce qui est bon, qu'à reprendre ce qui est mauvais ;
ne se riroit-on pas d'une personne qui s'approcheroit
d'un flambeau pour prendre la fumée ?.....

.... « Le Censeur du *Cid* ne peut ternir la gloire et
l'honneur du Poëte l'accusant de charme et d'enchantement ; il y en a beaucoup qui feroient vanité d'une telle
accusation, car n'est-ce pas une belle chose de pouvoir
faire des prodiges innocemment; on peut dire avec vérité
que l'Auteur du *Cid* a trouvé luy seul la pierre philoso-

phale, puisque d'une matiere basse et defectueuse (au
dire de notre Censeur), il en a fait de l'or, dont l'eclat
nous a surpris et eblouïs. Sçavoir gagner les cœurs,
c'est une divine science qui n'est sujette aux regles ni
aux loix de la poësie. C'est pourquoy il ne se faut pas
estonner si notre Poëte n'a point observé une regularité
dans son poëme. Ciceron dit que le travail des hommes
n'est pas si noble que le don du ciel, ny l'acquis que le
naturel, car sçavoir l'art de plaire ne vaut pas tant que
sçavoir plaire sans art..... » (1)

... « Il ne faut donc pas reprendre notre sage et vertueux Poëte de n'avoir pas observé les etroittes regula-
ritez de la poësie, veu meme qu'il n'importe de quel bois
soit faite la fleche pourveu quelle touche le but. Notre
divin Poëte n'a eu autre intention que de contenter les
plus gentils esprits ; il les a non seulement contenté mais
raviz, que son poëme soit regulier, ou irregulier, cela
luy doit etre indifferent ; il n'enviera jamais à son Censeur la premiere chaize dans les Ecoles, pendant qu'il
sera regardé et consideré dans la cour comme l'unique
et le plus ravissant des Poëtes. »

(1) Ce passage semble avoir profité de la lettre si spirituelle, tout à
l'honneur de Corneille, répondue par Balzac à Scudéry qui avait espéré
bien à tort que cet ami, pour lui prouver son dévouement, ne crain-
drait pas de faire abstraction de son jugement toujours si sûr, et
trahirait, par simple bonne grâce, les droits de la vérité.

Si je me suis si longtemps attardé à citer ce dernier opuscule, c'est qu'après l'étude des pièces combattant le *Cid*, il y a un intérêt plus naturel et plus grand à connaître les pièces publiées en sa faveur ; ne semble-t-il pas qu'elles soient l'écho précieux de ces voix amies qui encouragèrent et soutinrent le Poëte aux heures si pénibles et si désespérantes de sa longue épreuve? Pourtant, il ne faut point hésiter à le reconnaître, aucune de ces défenses ne répond complétement à la pensée que nous concevons aujourd'hui d'une justification de l'œuvre attaquée. Pour nous qui connaissons la gloire que s'est acquise l'immortel auteur de nos meilleures tragédies, ces pages ne sont point ce que nous les voudrions voir : largement composées, fermes et fières dans l'affirmation de la vérité qu'elles désirent proclamer. Au lieu d'accepter cette attaque par menus détails, la dangereuse tactique des faibles, que Scudéry avait habilement suivie et à laquelle il avait entraîné l'Académie, les amis de Corneille auraient dû répondre à traits hardis et vigoureux, faire surtout la part due aux jalouses clameurs des uns, aux complaisances courtisanesques des autres. Mais peut-être n'auraient-ils réussi qu'à susciter de nouvelles et plus ardentes représailles ; il fallait une démonstration l'emportant sur les arguments humains. Quand Quintilien a dit, avec trop de vérité, que les oreilles acceptaient volontiers les accusations les plus inacceptables et qu'il était toujours difficile de trouver un bon défenseur, il a ajouté : *Nisi qui eloquentissimus fuit*. Dans *Horace*, dans *Cinna*, dans *Polyeucte*, dans tous ses chefs-d'œuvre, Corneille s'est montré cet orateur d'une éloquence supérieure réclamé par le Rhéteur romain ; il a plaidé sa cause dans un langage divin, et il l'a gagnée devant ses ennemis, devant son siècle et devant la postérité tout entière.

OBSERVATIONS
SVR

Les Sentiments de l'Academie Françoife.

CEvx qui par vn defir de gloire fe veulent rendre les
Cenfeurs des ouurages qui font donnés au Public ne doiuent pas trouuer mauuais que le Public mefme fe rende le
juge de leur Cenfure, & comme ils entreprennent librement
de corriger les œuures d'autruy, & de foumettre à leur
Iurifdiction les liures & les Autheurs, ainfi eft-il raifonnable que leurs ouurages fouffrent la mefme correction &
qu'à leur exemple chacun fe donne la liberté de les examiner
par les regles de fa propre raifon, puifque fans authorité ils
exercent vne efpece d'inquifition fur les Lettres, il eft bien
jufte que ceux qui en font commerce foient auffi les Inqui-
fiteurs de leurs jugements, qu'ils corrigent leurs corrections, & qu'ils facent voir à ces nouueaux critiques que
leur Cenfure mefme n'eft pas exempte de reprehenfion.

Si en la correction de la Tragi-comedie du Cid les Cenfeurs Academiques euffent fuiuy les regles communes &
ordinaires d'vne jufte cenfure, & fi balançant leur Iugement entre les Loix de la Iuftice & celles de la Grace, ils
euffent corrigé les defauts qui eftoient reprehenfibles &
pardonné à ceux qui eftoient remiffibles leurs fentiments

euffent paffé fans reproche & tant de belles obferuations qu'ils contiennent euffent eu les louanges & les couronnes qu'elles pouuoient meriter, Certes nous leur rendons ce tefmoignage que l'elegance & la beauté du ftyle releué de poinctes Egyptiennes & les raifons reueftues de belles & fpecieufes apparences pouuoient porter cet ouurage jufques au dernier degré de l'admiration. Mais quand on vient à l'examiner, comme l'Academie a examiné la Tragi-comedie du Cid, c'eft à dire à la rigueur & par des regles feueres & tyranniques, par chicaner & pointiller comme elle a faict jufques aux moindres & plus legeres particules; combien de taches dans cette piece, que de nuages parmy ces brillans, & que de plates peinctures entrefemées parmy ces Images de relief.

Que les critiques en jugent fur nos indices, & qu'à noftre delatiõ ils examinent d'abord la premiere periode de ces beaux fentiments Academiques, periode qui deuroit eftre ornée & embellie comme l'entrée & le frontifpice d'vn ouurage Corinthien & qui cependant n'eft rien qu'vn amas de paroles rudes, confufes, fans raifon ny liaifon.

Mais pour en bien juger, il la faut confiderer en fon jour & en fa propre fituation.

PREMIERE OBSERVATION.

Ceux qui par quelque defir de gloire donnent leurs ouurages au Public ne doiuent pas trouuer eftrange que le Public s'en face le Iuge. Comme

le prefent qu'ils luy font ne procede pas d'vne
volonté tout à faict des-intereffée, & qu'il n'eft pas
tant vn effect de leur liberalité que de leur ambi-
tion, il n'eft pas auffi de ceux que la bien-feance
veut qu'on reçoiue fans en confiderer le prix.
(Feuillet 3 des Sentiments.)

Que les Critiques jugent donc fi ce n'eft pas là vn galimathias confus & brouillé, & dont les mots extrauagants
& detachés n'ont aucune fuitte ny conftruction, ils bleffent
l'aureille par leur rudeffe, & vont fautelant hors de la
cadence & des arrondiffements conuenables à vne periode
bien adjuftée. Certes il faut auoüer que l'efprit fe delecte
auffi bien en la mefure & en l'harmonie de la profe comme
en celle des vers, & que pour rendre vn difcours agreable
les periodes doiuent eftre nombreufes prononcées ou efcrites
en paroles mefurées & liées enfemble auec vn certain ordre
& difpofition, or la periode que nous examinons icy n'a
aucun de ces ornements la, nulle grace, nulle beauté, rien
d'elegant, rien de propre ny de poly, & quand on vient à
l'examiner par les regles eftroictes & rigoureufes de l'Anali-
tique ainfi que fon Autheur a examiné l'ouurage du Cid, il
ne s'y trouue aucune partie qui n'ait fon vice & fon defaut
& jufques aux moindres particules tout a befoin de refor-
mation.

Quant à la ftructure de la periode elle eft tout en defordre

& le mot, *preſent*, qui l'occupe auec tant de relatifs & tant
de, *pas*, qui luy ſont referés, la rendent ſi obſcure qu'elle na
ny jour ny clarté & de faiⓒt en la regardant de prés on verra
qu'il y a bien peu d'elegance en ces trois proches repriſes,
ne procede pas, qu'il n'eſt pas tant, il n'eſt pas auſſi, qui
forment vne conſonnance deſagreable qui brouillent tout
& qui jettent la periode en deſordre & en confuſion, comme
auſſi le mot de, *ceux*, qui vient apres & qui eſt referé à
celuy de, *preſent*, ſemble ne le recognoiſtre plus pour ſon
relatif, & eſt ſi eſloigné de luy que leur corelation & leur
correſpondance en eſt d'abord interrompue, de ſorte que
pour la reſtablir le leⓒteur eſt obligé de lire la periode deux
fois. Voila pour ce qui eſt de l'ordre & de l'economie, venons
au principal.

SECONDE OBSERVATION.

*Ceux qui par quelque deſir de gloire donnent
leurs ouurages au Public.* (Feuillet 3).

Quelque deſir de gloire, &c...: Ce mot de, *quelque,* eſt
icy mal ſitué, & ces deux termes, *deſir de gloire,* qui le
ſuiuent luy ſont improprement attribués; *vn deſir de
gloire,* euſt mieux valu que, *quelque deſir de gloire,*
attendu que ce mot de, *quelque,* n'eſt propre que pour
former vne propoſition indefinie & non pas vne propoſition
ſpecifique & particuliere comme eſt celle que nous examinons icy.

Que fi le terme de *defir*, eftoit generalement pris & indefiniment enoncé fans eftre fpecifié ny determiné, comme
il eft icy par vne marque de fingularitez qui eft celle de la
gloire, en ce cas la le mot de *quelque*, pafferoit fans con-
tredit, & ne pourroit abfolument regir celuy de *defir*,
comme par exemple on peut dire indefiniment, *quelque
defir*, comme auffi, *quelque paffion, quelque vertu, quelque
couleur*, & en ces enonciations la qu'on appelle indefinies
ou indeterminees le mot de *quelque*, peut eftre proprement
employé, mais fi on vient à limiter ce terme de *defir*, & le
reftraindre à vne fignification fpecifique & finguliere comme
a faict l'Autheur des Sentiments, & fi encore on vient à
fpecifier ces autres termes vniuerfels, *vertu, paffion, couleur* & definir nommement quel eft ce *defir*, quelle eft
cette *vertu*, quelle cette *paffion*, & quelle cette *couleur*,
alors il faudra changer de voix, fupprimer ce mot de
quelque ou lui fubftituer vn article nominatif, ou bien ce
terme numeral l'*vn*, qui emporte mefme defignation, &
ainfi on dira *la vertu de temperance, la paffion d'amour,
vn defir de gloire, vne couleur blanche*, & non pas, *quelque
vertu de temperance, quelque paffion d'amour, quelque
defir de gloire*, ces loqutions la n'eftant pas elegantes ny
conformes à la douceur du langage françois. Mais c'eft trop
chiquaner fur l'accufation d'vn feul mot, & nous ny au-
rions pas tant infifté n'eftoit ce vœu de pureté verbale, que
nous auons pris à tafche & duquel l'Academie a faict vne
publique & folemnelle profeffion.

TROISIESME OBSERVATION.

· Ceux qui par quelque defir de gloire donnent leurs ouurages au Public ne doiuent pas trouuer eftrange que le Public s'en face le Iuge. (Feuillet 3.)

' Ne doiuent pas trouuer eftrange : Ce mot, *eftrange,* eft vrayement bien eftrange pour fignifier celuy de, *mauuais,* qui eft en vfage, & ce mot la, *eftrange,* ne pouuant icy paffer ny pour propre ny pour metaphorique, il doit eftre corrigé à la feconde edition. Si noftre Poëte en auoit vfé en la mefme fignification, il feroit cenfuré & mis à l'inquifition de l'Academie, le mot *eftrange,* eftant tranfplanté comme il eft icy veut dire *hors du commun vfage, rude, barbare, irregulier,* & aucune de ces fignifications la ne fe peut plier à la phrafe de noftre Autheur, fon eloquution euft efté meilleure en difant *ne doiuent pas trouuer mauuais,* que dire, *ne doiuent pas trouuer eftrange,* bien que ce mot de *mauuais,* foit encore eftranger en cet endroit & tiré de bien loin, mais il eft en vfage & naturalizé, toutesfois il femble qu'en ces rencontres la ou les termes propres defaillent, il eft plus à propos de dire en affirmant, *doiuent trouuer bon;* que de dire — *ne doiuent pas trouuer mauuais,* l'vn eftant meilleur & plus propre que l'autre.

QVATRIESME OBSERVATION.

Ceux qui par quelque defir de gloire don-

nent leurs ouurages au Public, ne doiuent pas trouuer eſtrange que le Public s'en face le Iuge. (Feuillet 3.)

Que le public, &c...: ces deux termes *Public* & *Public*, ſont trop proches l'vn de l'autre, & de tant plus qu'ils emportent vne meſme ſignification, s'ils eſtoient homonyme & que leur definition fuſt diuerſe, leur proximité ſeroit aucunement diſpenſable, mais ces deux termes eſtant vne meſme choſe en nom & en ſignification, il euſt eſté mieux à propos de les eſloigner l'vn de l'autre, attendu que leur voiſinage ſi proche, outre qu'il choque l'aureille par leur conſonnance, il inſinue au lecteur que ce dernier *Public,* eſt vn nouueau venu qui dict autre choſe que le premier.

Que ſi la diſpoſition du diſcours obligeoit ſon autheur à ces proches repetitions de mots, ou que les regles de la conſtruction le contraigniſſent d'en vſer, il deuoit adjouſter au dernier *Public,* ce mot de, *meſme,* qui euſt ſeruy comme d'vn pronom demonſtratif pour inſinuer que l'vn & l'autre n'eſtoit qu'vne meſme choſe, en diſant : *Ceux qui donnent leurs ouurages au Public ne doiuent pas trouuer mauuais que le Public meſme s'en face le Iuge,* ou l'on void que ce terme de, *meſme,* a je ne ſçay quel emphaſe qui compenſe ou qui diſpenſe de la proximité de ces deux mots *Public* & *Public,* les bons orateurs françois en ont ainſi vſé. Balſac en ſa ſeconde lettre du premier liure eſcriuant à vn grand. Voſtre voix, dict-il, qui a eſté choiſie de toute la France pour

porter des prieres au *Roy* & du *Roy meſme* pour enuoyer
ſes conmandements dans les villes & dans les armées.

CINQVIESME OBSERVATION.

*Comme le preſent qu'ils luy font ne procede
pas d'vne volonté tout à faiƈ des-intereſſée.*
(Feuillet 3.)

Vne volonté tout à faiƈ des-intereſſée; cette phraſe eſt
bien laſche, & entendue pour vn diſcours ferme & vertueux
comme eſt celuy que nous examinons icy, elle va traiſnant
juſques en terre, ſans force, ſans grace, ny ornement, il
ſemble que ſans donner vn ſi grand train de paroles à ceſte
volonté, que le ſimple mot de *pure,* luy euſt eſté plus propre,
& que l'autheur des Sentiments euſt parlé plus purement
en diſant, *vne pure volonté,* que de dire, *vne volonté tout
à faiƈ des-intereſſée.* Nous obſeruons encore que, ces
mots, *tout à faiƈ des-intereſſée,* ſont vrayement bien
affetés, & plus conuenables au caquet des Dames qu'aux
graues diſcours d'vne doƈe Academie. Ceſte façon de parler,
douce, molle, languiſſante, reſſent bien la moleſſe & la diſ-
ſolution de noſtre ſiecle, mais à peine ſe ſauueroit-elle de la
cenſure d'vn Senecque françois ſi nous en auions vn qui fut
ſemblable à ce Seneque latin qui reprochant à Mecenas ſa
façon de viure voluptueuſe & delicate luy reprochait auſſi la
delicateſſe de ſon langage plus propre aux Courtiſanes, diƈ-
il, que non pas à vn Senateur Romain, & condamne ceſte
façon de parler mole effeminée dont Mecenas vſoit ordinai-
rement,

rement, *quid purius amne, siluisque ripa comantibus?*
Vide ut alueum lintribus arent, versoque vado remittant
hortos. Il faut que le stile & les paroles ressentent la gra-
uité de celuy qui parle.

SIXIESME OBSERVATION.

Il suffira de dire que parmy les Modernes il s'est
esmeu de tres-fauorables querelles pour les Lettres,
& que la Poësie seroit aujourd'huy bien moins par-
faite qu'elle n'est, sans les contestations qui se font
formées sur les ouurages des plus celebres Au-
theurs des derniers Temps. En effect nous en
auons la principale obligation aux agreables diffe-
rens qu'ont produit la Hierusalem & le Pastor
Fido. (Feuillet 10.)

En effect nous en auons la principale obligation, &c...:
Nous auōs estimé deuoir raporter ceste longue contexture de
paroles qui precedent celles que nous voulons icy accuser,
afin de les confronter les vnes aux autres en preuue de notre
obseruatiõ. Nous disons donc que ces deux mots, *En effect*,
sont mal situés, & que leur vsage en cest endroict est impropre & abusif, *En effect*, est vn terme qui est opposé à
l'apparence, à la feinte, au mensonge, et à toutes les figures
hyperboliques que les Rethoriciens ont inuentées pour
l'ornement du discours, *En effect*, c'est le correctif d'vne
proposition figurée qu'il reduit à vn sens propre, & qu'il

reſtrainɛ̂t dans les termes de la verité, car il faut noter que
ces deux mots, *En effeɛ̂t*, ne ſont jamais pris ny enoncés
pour vn dire ſimple & abſolu, mais qu'ils emportent touſjours deſignation ou relation à vn autre dire precedent, qui
eſtant exceſſif en ce qu'il propoſe, & hors de creance, ils le
modifient & le reſtraignent à ſon juſte poinɛ̂t, & à ce qui
eſt vrayſemblable; comme quand vn Autheur s'eſt emporté
à des hyperboles exceſſiues, à des loquutions figurées, à des
menſonges my partis entre le faux & le vray, quand il a
faiɛ̂t comme ce Poëte qui voulant deſcrire ceſte nombreuſe
armée des Perſes qui vint fondre en la Grece, pour en repreſenter la grandeur, il diɛ̂t que les hommes &`les cheuaux
eſpuiſoient en vn ſeul repas les riuieres toutes entieres,

> *epotaque flumina, Medo*
>
> *Prandente.*

Ou bien comme ceſt autre Poëte qui voulant repreſenter
ceſte horrible tempeſte qui accueillit les vaiſſeaux d'Enée
ſur la mer de Lybie, il diɛ̂t que le ciel & la mer eſtoient
meſlés enſemble,

> *maria omnia cœlo*
>
> *Miſcuit.*

Quand donc vn Autheur s'eſt ainſy eſpendu en hyperboles, qu'il a enchery par deſſus le vray ſemblable ou qu'il
a diɛ̂t vn menſonge, et qu'apres cela il vienne à ſe rabatre
dans les termes du vray, alors & non autrement il peut vſer
de ceſte loquution reſtriɛ̂tiue, *En effeɛ̂t*, qui modifie le dire

antecedent & qui le reduiƈt à vn ſens precis & ponƈtuel,
& c'eſt en quoy nos petits orateurs abuſent quand à tout
propos ils diſent, *En effeƈt, à n'en point mentir, à dire
vray*, qui ſont des loquutions relatiues & opoſées aux propoſitions qui les precedent immediatement, & cependant
ils en vſent indifferemment & à toutes mains comme ſi
c'eſtoient des Oraiſons abſolues & independantes. Or, pour
voir ſi l'Academie en a vſé plus diſcretement, ou pluſtoſt
pour monſtrer comme elle en a abuſé, & que ces termes,
En effeƈt, ſont icy poſés en vne affiette irreguliere, nous
auons raporté la propoſition antecedente & immediate à
laquelle ces meſmes termes ſont referés ; Que les Critiques
en facent la conference, & qu'ils jugent s'il y a aucun dire
exceſſif ou hyperbolique qui merite modification ou reſtri-
ƈtion. Certes il n'y a rien à rabatre, tout y eſt juſte & rien
qui ne puiſſe eſtre pris au pied de la lettre, non pas ſeulement à la reſerue d'vn ſeul mot.

SEPTIESME OBSERVATION.

*La loüange nous fait ſouuent demeurer au
deſſous de nous meſmes, en nous perſuadant que
nous ſommes des-ja au deſſus des autres, & nous
retient dans vne mediocrité vicieuſe qui nous
empeſche d'arriuer à la perfeƈtion.* (Feuillet 7.)

Vne mediocrité vicieuſe &c...: La *mediocrité* en quelque
choſe que ce ſoit ne peut eſtre appelée *vicieuſe*, & ces

deux termes, *mediocrité vicieuſe*, induiſent vne contradiction, car ſi la *mediocrité* eſtoit *vicieuſe* ce ne ſeroit plus
mediocrité, ains baſſeſſe, foibleſſe, defaut, ou quelque autre
terme contraire à excedz, force, hauteur. Si c'eſt vne
mediocrité ellé ne peut eſtre *vicieuſe* en tant que le vice
ne ſe rencontre jamais qu'en l'vne des extremités, & tant
s'en faut que la *mediocrité* ſoit vn *vice*, au contraire elle
paſſe touſjours pour vne *vertu*. Et lors que nous diſons
qu'vne choſe eſt mediocre nous inſinuons par la qu'elle eſt
vertueuſe, ou pour vſer d'vn terme plus propre, nous diſons
qu'elle eſt bonne, mais comme la bonté, le vice, la vertu, &
les autres qualités ſont diuiſées en elles meſmes par trois
diuers degrés de diſtinction, aſſauoir, le premier & ſimple
degré qu'on appelle poſitif, le comparatif & le ſuperlatif,
c'eſt en ce premier & ſimple degré de bonté que nous poſons
la *mediocrité* & que nous luy donnons le titre & la qualité
de bonne, autrement, & ſi la *mediocrité* eſtoit *vicieuſe*
comme diſent les nouueaux Academiques on pourroit conclure de la que les productions & les ouurages de l'eſprit
humain, qui tous ou la plus part tiennent de la *mediocrité*
feroient en defaut & tachés de vices & d'imperfection puiſqu'il eſt vray, & qu'eux meſme le confeſſent, que pour
former ceſte beauté vniuerſelle qui doibt plaire à tout le
monde, il faut que l'autheur compoſe ſon ouurage de tant
d'excellentes parties, qu'il eſt impoſſible qu'il ny en ait touſjours quelqu'vne qui manque ou qui ſoit deffectueuſe ; Oyons
le teſmoignage d'Horace ſur ce ſubjet de la *mediocrité*,

certis medium & tolerabile rebus
Reɑ̃e concedi. Conſultus juris & aɑ̃or
Cauſarum mediocris abeſt virtute diſerti
Meſſalæ, nec ſcit quantum Caſſelius Aulus;
Sed tamen in pretio eſt.

Et pour bon & excellent que puiſſe eſtre vn ouurage, il n'eſt jamais ſi parfait ny monté à vn ſi haut degré de bonté qu'on ne puiſſe encores adjoußter à ſa perfection. Ceux qui en jugent & qui le conſiderent, les Critiques ſçauans & judicieux, parmy les belles fleurs qu'ils y apperçoiuent, ils en remarquent toußjours quelqu'vnes qui manquent ou qui ſont flaiſtries, l'ouurier meſme qui aura produict ce bel ouurage & embelly de tant d'ornemens agreables, conceura encores en ſon eſprit vne idée & vne image de beauté plus parfaicte que celle qu'il aura exprimée & qu'il ne pourra toutesfois deſpeindre comme eſtant au dela de ſon expreſſion, c'eſt proprement ce que vouloit dire ceſt autre Poëte,

Cum relego, ſcripſiſſe pudet quia plurima cerno
Me quoque qui feci, judice digna lini.

Et cependant celuy qui parloit ainſi eſtoit le ſauory des Muſes & vn des premiers de leur bande. C'eſt pourquoy les renommés Artiſtes de l'Antiquité eſcriuoient par vn temps imparfaict au pied de leurs ouurages, Appelles, Polyclete, Phidias *faiſoit* ceſt ouurage, & non pas ainſi, Appelles, Phidias *a faiɑ̃* ceſt ouurage, pour monſtrer qu'aux plus excellés ouurages des hommes il y a tousjours de l'imperfection.

HVICTIESME OBSERVATION.

Lors mesme que l'Obseruateur du Cid a conjuré ceste Compagnie par vne lettre publique, & par plusieurs particulieres de prononcer sur ses Remarques, & que son Autheur a tesmoigné de son costé qu'il en esperoit toute justice, bien loin de se vouloir rendre Iuge de leur different, elle ne se pouuoit seulement resoudre d'en estre l'Arbitre. (Feuillet 13.)

Bien loin de vouloir se rendre Iuge : Il semble par ces termes icy que l'Academie Françoise soit vne cour fondée en droiēt de jurisdiēction, & que la cognoissance du differend d'entre le Cid & son Obseruateur luy ait esté attribuée par l'ediēt de son institution, ce qui est impertinent & ridicule, car l'Academie demeurera d'accord s'il luy plaist, qu'elle n'auoit nulle puissance ny authorité publique pour se pouuoir rendre Iuge de ce differend la, & dy prononcer par droiēt de jurisdiēction, mais seulement de le decider par voye de compromis & en qualité d'Arbitre conuenu, & partant nous disons que l'Academie s'est mal enoncée de dire, *que bien loin de se vouloir rendre Iuge de leur different, qu'elle ne se pouuoit seulement resoudre d'en estre l'Arbitre,* car ceste enonciation la ainsi conceüe presupose que l'vn &

l'autre jugement, celuy de jurifdiction & celuy de compromis eſtoient en ſon option & qu'ilz luy eſtoient egalement attribués ; car les regles du diſcours ne permettent
pas qu'on puiſſe dire de quelqu'vn qu'il n'a pas voulu
faire vne action laquelle n'eſtoit pas en ſon pouuoir de la
faire, le non vouloir preſupoſe le pouuoir, & le refus in-
duict neceſſairement le choix & la puiſſance d'accepter, &
partant l'Academie n'a pas peu dire qu'elle n'a pas voulu
juger d'authorité mais ſeulement arbitrer le procés du Cid,
puis que le premier n'eſtoit pas en ſa puiſſance, & qu'elle
ny pouuoit prononcer en qualité de Iuge & par voye de
jurifdiction, ains ſeulement en qualité d'Arbitre & par voye
de compromis ; Cela s'apelle eſtre en defaut du raiſonnement. Mais pour leuer tout ſcrupule de creance que l'Academie fuſt fondée en Authorité publique ſoit par edict ou
par autre ſecret de jurifdiction, voicy comme elle s'en eſt
elle meſme declarée dans ſes Sentimens, *qu'elle ne s'eſtoit
permis d'examiner que ſes ouurages, & qu'elle ne pouuoit
reprendre les fautes d'autruy ſans faillir elle meſme contre
ſes regles* ; cela eſtant nous ne pouuons plus deuiner à
quelle fin l'Academie a icy propoſé & oppoſé ces deux ſortes
de jugemens, le public & le priué, ny ou va ceſte reſtriction
d'vn Iuge neceſſaire à vn Arbitre volontaire, ny pourquoy
le refus de l'vn, ny pourquoy l'acceptation de l'autre.

NEVFIESME OBSERVATION.

Comme les Obſeruations des Cenſeurs de ceſte

Tragi-comedie ne l'ont peû preoccuper, le grand nombre de ſes Partiſans n'a point eſté capable de l'eſtonner. (Feuillet 15.)

Ne l'ont peu preocuper : La conſtruiction de ceſte clauſe eſt ambigue & le vray ſens en eſt du tout peruerty, ces deux raports qui diſent *ne l'ont peu preocuper,* Item, *n'a point eſté capable de l'eſtonner,* n'ont aucune reduction certaine finon celle qu'il plaira au lecteur de leur aſſigner : Car ces deux clauſules qui emportent relation, à qui ſe doiuent elles referer, & qui eſt-ce qui *n'a poinct eſté preocupé,* & qui *n'a point eſté eſtonné.* Certes il eſt vrayſemblable ſelon ceſte conſtruction, la & ſelon les regles de la Grammaire que c'eſt la Tragi-comedie qui *n'a point eſté eſtonnée,* qui *n'a point eſté preocupée* (c'eſt à dire ſon Autheur) Et que ces deux loquutiues ſe doiuent raporter à elle comme à leur antecedent le plus proche & immediat, & cependant elles ſont vrayement attribuées à l'Academie qui eſt à plus de cent lieues par de la, c'eſt pecher volontairement contre les regles du bien dire qui veut que nous referions touſjours les termes relatifs aux noms antecedens qui leur ſont les plus proches & immediats, que ſi quelque incident les eſloigne, la meſme regle nous ordonne de les raprocher diſcretement par vne judicieuſe repetition.

DIXIESME OBSERVATION.

La Nature & la Verité ont mis vn certain prix aux

*aux choſes, qui ne peut eſtre changé par celuy que
le haȝard ou l'opinion y mettent.* (Feuillet 16.)

Quand l'Academie a propoſé que *la Nature & la Verité ont
mis vn certain prix aux choſes,* elle nous donne à entendre,
& c'eſt auſſi la vraye intelligence, que ces choſes la ſignifient
les *Eſlans reels* des productions naturelles qui ont vne veritable *eſſence & exiſtence,* comme homme, beſte, plante,
metal, pierre, & autres ouurages de la nature que les latins
appellent d'vn nom general & commun, *res,* d'où viennent
ces mots de *reel, reellement,* comme auſſi ces termes icy,
Nature, Verité, prix, qui regiſſent le nom de *choſes,* ne
ſonnent & ne preſupoſent autre choſe que *realité,* ſurquoy
nous diſons donc en contradiction de ce que l'Academie a
propoſé, que *la Nature ny la Verité n'ont point mis vn
certain prix aux choſes,* Et que celuy qu'elles ont receu
d'ailleurs a eſté ſouuent changé par *le haȝard* & par *l'opinion; la Nature* a bien produict *les choſes,* mais elle ne les
a point apreciées & a ſon reſpect tout eſt egal & en pareille
eſtimatiõ. La production qu'elle faict d'vn lion ne luy eſt
pas de plus grand prix que celle d'vne mouſche, les pierres
& les cailloux ſont auſſi precieux dedans ſon ouurouer que
les perles & les diamans, s'il y auoit quelque apreciatiõ
naturelle, les hommes en conuiendroient en commun ·
comme ilz font de la chaleur du feu, de l'amertume de la
mer, & tous enſemble tomberoient d'accord du *prix* que
la *Nature* en auroit arreſté, mais c'eſt *l'opinion,* la neceſ-

fité, c'eft l'abondance, la rareté & mille autres accidents, Senecque y adjoufte auffi le temps, *pretium autem cujufque rei pro tempore eft,* qui mettent & qui changent *le prix* des chofes fans que *la Nature* s'en mefle, ny qu'elle y face aucun eftabliffement, & de la vient le dire commun que les chofes valent ce qu'on les veut faire valoir. Les Efpagnolz le fceurent bien praticquer quand apres la conquefte des Indes, ils vendoient aux Indiens le bocal de vin trois cents ducatz, & ce marchant Lybien encherit fa boiffon à plus haut prix quand au millieu des deferts de l'Affrique, il vendit vn verre d'eau dix mil efcus, & le conte dit, qu'à deux jours de la, ce marchand d'eau mourut de foif, ces *prix* exceffifs ne venoient pas de *la Nature,* moins encores de *la Verité* qui ne fçait non plus que c'eft d'aprecier ny d'analyfer.

Quant à *la Verité* (nous entendons en ceft endroiçt *la verité* commune & humaine) c'eft vne demonftration & vn tefmoignage d'vn faiçt aduenu qui monftre que *la chofe eft* ou qu'elle *a efté,* ou pour la prendre de plus haut, *la Verité* eft vn de ces Tranfcendans imaginaires, vne conception de l'entendement, vne voie fimple & nüe qui comme vne ombre fuit & accompagne *l'eftre des chofes* en tant qu'elles font vrayes, c'eft ce que difent les Philofophes, que par les principes que *la chofe eft,* par les mefmes principes elle eft vraye, & que *l'Eftre* & *la Verité* font infeparables. Or cefte *Verité* donc, foit qu'elle touche *l'effence des chofes* feulemét, foit qu'elle paffe jufques aux accidens externes & eftrangers

dont le *prix* en eſt vn, voire le plus eſloigné, ceſte *Verité*
dis-je n'opere rien & n'ordonne rien au ſubject ou elle
reſide, mais elle aſſiſte ſeulement & verifie par ſa preſence
la production & l'operation des autres facultez, & comme
apres que la *Nature* a faict & produict ſes ouurages, l'vſage
deſormais & la pleine diſpoſitiõ en apartient aux hommes,
auſſi ſont-ce les hommes meſmes qui y ont eſtably le *prix*,
qui en ont inuenté le commerce, & qui les ont eualuées les
vnes aux autres ſelon leur propre opinion, & en cela on ne
peut dire que la *Verité* y ait donné la Loy ou fait quelque
eſtabliſſement, c'eſt pluſtoſt le *hazard* & l'*opinion* qui en
ſont les experts & les maiſtres apreciateurs, qui y peuuent
metre, oſter & changer le *prix*, tantoſt hault, tantoſt bas,
qui peuuent auilir les choſes precieuſes, aprecier celles qui
ſont viles, & quoy qu'ils en ordonnent leur eſtabliſſement
eſt & ſera touſjours le juſte prix, les Indiens ont preferé le
fer à l'or, & ont faict plus de cas des mines de l'Europe que
de celles du Perou.

ONZIESME OBSERVATION.

La Nature & la Verité ont mis vn certain prix
aux choſes, qui ne peut eſtre changé par celuy que
le hazard & l'opinion y mettent, &c... Il eſt vray
qu'on pourroit croire que les Maiſtres de l'Art ne
ſont pas bien d'accord ſur ceſte matiere. Les vns
trop amis, ce ſemble, de la volupté, veulent que le

Deleɛtable ſoit le vray but de la Poëſie Drama-
tique; les autres plus auares du temps des hommes,
& l'eſtimant trop cher pour le donner à des diuer-
tiſſemens qui ne fiſſent que plaire ſans profiter,
ſouſtiennent que l'Vtile en eſt la veritable fin.
(Feuillet 16.)

Ne ſont pas d'acord ſur ceſte matiere, &c...: Ceſte obſer-
uation n'eſt qu'vne ſuite de la precedente, l'Autheur des
Sentimens ayant diɛt que la *Nature* & la *Verité* ont mis vn
certain prix aux choſes, il comprend icy ſoubs ce terme de,
choſes, les ouurages de l'eſprit & nommement ceux de la
Poëſie qui comme toutes les autres diſciplines ſont pluſtoſt
diɛtes inuentions de *l'Art* que produɛtions de *la Nature,*
Comme auſſi l'Autheur des Sentiments ayant diɛt *les Mai-*
ſtres de l'Art, ſemble les vouloir ranger ſoubs ceſte cate-
gorie la. Surquoy nous obſeruons que le meſme Autheur a
faiɛt icy deux fautes, la premiere d'auoir mal penſé, l'autre
de s'eſtre mal exprimé & par des termes deſtournés de leur
propre ſignificatiõ, & certes ſon expreſſion n'eſt pas bonne
d'auoir compris en ceſt endroiɛt la, ſoubs le terme de *choſes*
les ouurages de l'eſprit qui ne ſont rien & qui n'ont point
d'eſſence ny d'exiſtence dans *la Nature,* Et nous luy auons
faiɛt voir que ces termes dont il s'eſt enoncé, *Nature, Verité,*
prix, choſes, ſignifioient des *choſes reeles,* & non pas de
ſimples operations de l'entendement comme ſont les œuures
de la Poëſie dont l'Autheur a voulu parler. Voila pour

l'expreſſion. Quant à la penſée elle eſt fauſſe d'eſtimer que la *Nature* ait donné vn certain *prix* à des ſubjeɛts qui n'en peuuent receuoir, à des paroles vagues qui ne ſont rien que du vent & de l'air frapé, à de vaines imaginations, à de ſimples conceptions de l'intelleɛt qui ne ſont point dans l'ordre des choſes naturelles, & qui n'ont de ſubſiſtance que dans le vuide & ſur le neant. Certes les ouurages humains que nous appelons artifices ne ſont poinɛt ſoubs la Iuriſdiɛtion de la *Nature,* ſes loix & ſes ordres ne regardent que ſes propres ouurages, & comme elle conſtitue l'*eſtre des choſes,* auſſi elle n'ordonne que ſur celles qui ſont vrayement reellement & de faiɛt.

DOVZIESME OBSERVATION.

Les autres plus auares du temps des hommes.
(Feuillet 17.)

Il faut encore eſſuyer vne petite tache qui paroit dans ceſte belle piece, car il ſuffiſoɪt de dire *auares du temps,* ſans y adjouſter, *des hommes,* ces deux derniers mots eſtans ſurabondans puiſqu'il n'y a point d'autre *temps* que celuy *des hommes.* Ceſte addition la nous inſinue impertinemment qu'il y a deux *temps* en la nature, celuy *des hommes* & celuy *des beſtes,* dont le premier eſt icy marqué & diſtingué par vne particuliere attribution. Nous euſſions coulé par deſſus ceſte legere remarque ſans l'obſeruer, n'eſtoit que les petits defauts paroiſſent grands dedans les beaux ouurages,

& que ceux qui font profeſſion de pureté de langage ne doiuent rien dire qui ne ſoit pur & net.

TREIZIESME OBSERVATION.

*Il n'eſt pas queſtion de plaire à ceux qui regar-
dent toutes choſes d'vn œil ignorant ou barbare, &
qui ne ſeroient pas moins touchés de voir affliger
vne Clytemneſtre qu'vne Penelope.* (Feuillet 20.)

Ceſte comparaiſon ou aluſion à *Clytemneſtre* & à *Penelope* ſeroit bien apliquée, mais ſa meſure eſt trop courte
d'vn poinɛt, car ce terme de *touchez* eſtant ſimplement
enoncé comme il eſt icy & ſans aucune determinatiõ, il ne
ſignifie & ne denote rien de ſpecifique ny de particulier,
c'eſt comme vne pierre d'attente ſur laquelle on peut baſtir
vne bonne ou vne mauuaiſe conſtruɛtion ; car l'homme peut
eſtre *touché* de plaiſir & de douleur, de joye & de triſteſſe,
& de toutes les contraires paſſions qui peuuent *toucher*
l'âme, & ainſi l'Autheur des Sentiments ayant diɛt, que les
hommes *ignorants ou barbares ne ſeroient pas moins touchés de voir affliger vne Clytemneſtre qu'vne Penelope*, il
ne s'eſt pas aſſez expliqué, ains il deuoit dire dequoy ces
hommes barbares ſeroient touchés, & ſpecifier la paſſion
qu'il deſignoit ſans la laiſſer deuiner, ou ſupleer au leɛteur,
à la mercy duquel il abandonne ſa conſtruɛtion pour la
rendre bonne ou mauuaiſe par ſon ſupleement. Car ſi à ce
mot, *touchez*, on y adjouſte celuy de *douleur* ou de *pitié*,

l'adition fera tres-bonne & conforme au raifonnement & à l'intention de l'Autheur, mais fi au contraire on vient à y adjoufter le mot de *joye* ou celuy de *plaifir*, la conftruction fera fauffe, impropre & à contrefens, parce que l'Autheur ayant voulu exprimer le faict d'vn homme ignorant ou barbare, par des actions qui fuffent propres à l'ignorance & à la barbarie, l'expreffion en eft tres-bonne de dire qu'il n'eft pas moins *touché* de douleur par l'affliction que foufrent les mefchans que pour celle que foufrent les gens de bien. Que fi le mot de *plaifir* eftoit fuftitué à celuy de *douleur*, le fens alors changeroit de face, & ce que l'on dict eftre le propre de l'ignorace & de la barbarie leur feroit deformais improprement attribué, c'eft vrayement le faict d'vn homme ignorant ou barbare d'auoir de la douleur & de compatir egalement à l'affliction des mefchans comme à celles des gens de bien, mais ce n'eft pas vne marque de fa barbarie d'auoir de la joye & de prendre plaifir en l'affliction des mefchans. Au contraire il femble que ce fentiment de joye foit aucunement jufte & comme vn correctif de fa barbarie, attendu que les hommes mefmes les plus fages & vertueux recoiuent quelques fois de la joye & du contentement en l'afflictió & en la punition des mefchans. Enfin pour finir cefte inftance nous difons que le mot de, *touchez*, eftant commun au plaifir & à la douleur, il fallait luy donner icy vne attribution certaine.

QVATORZIESME OBSERVATION.

Tout ce que l'Obferuateur dit de la jufte gran-

deur que doit auoir vn Poëme contient vne bonne
& folide doctrine fondée fur l'authorité d'Ari-
ftote, ou pour mieux dire, fur celle de la raifon.
(Feuillet 51.)

L'Autheur des Sentiments ayant icy enchery fur *l'autho-*
rité d'Ariftote par celle de *la raifon* en penfant mieux dire,
c'eft lors qu'il a plus mal parlé, fon enonciatiõ n'eft pas
jufte, & c'eft pluftoft vn galymatias qu'vn bon raifonnement de dire qu'*vne doctrine foit fondée fur l'authorité*
de la raifon comme fi *l'authorité* eftoit vn fubject d'attribution à *la raifon,* que l'vne fe dift ou dependift de l'autre,
ou que ces deux termes ne fiffent qu'vn compofé, (nous
ne parlons pas icy de cefte *raifon* commune & naturelle
qui conftitue la difference effentielle de l'homme, mais
nous appelons *raifon* en ceft endroict toutes les preuues
demonftratiues ou probables qui fe tirent des principes
naturels par l'artifice du difcours humain). *L'authorité* donc
ne fe dict point de *la raifon* & n'eft point en *la raifon* comme
en fon fubject, mais *l'authorité* fe dict feulement & reçoit
fon attribution de celuy qui la eftablie & en la qualité duquel elle refide, ainfi *l'authorité* fe dict du Roy, du Magi-
ftrat, du Legiflateur, & de tous ceux qui ont pouuoir de
l'eftablir, & mefmes fi on vient à deferer à l'opinion de
quelques particuliers à caufe de leur eminence & de leur
credit, on dira auffi *l'authorité d'Ariftote, l'authorité de*
Platon, & non pas *l'authorité de la raifon,* celle la ne pouuant

uant prendre attribution de celle cy mais pluſtot elle luy eſt en opoſition. Que ſi *l'authorité* ſe trouuoit conjoincte auec *la raiſon*, & que celle cy fuſt la cauſe impulſiue de l'autre, en ce cas la on pouroit bien dire *la raiſon de l'authorité*, comme on dict *la raiſon* de la loy, c'eſt à dire alleguer *la raiſon* qui a donné lieu à la loy, *la raiſon* de la couſtume, *la raiſon* de l'edict du Prince & ainſi des autres *authorités* qui ſont juſtes & raiſonnables, mais de dire *l'authorité de la raiſon*, c'eſt parler à reuers & vouloir rendre ces termes conuertibles qui ne le ſont pas.

QVINZIESME OBSERVATION.

Quant à la queſtion qui a eſté propoſée par quel-ques-vns, ſi le Poete eſt condannable pour auoir fait arriuer en vn meſme temps des choſes aue-nues en des temps differens, nous eſtimons qu'il ne l'eſt point, s'il le fait auec jugement, & en matieres peu importantes. Il ne faut point d'autre preuue de cette doctrine que l'exemple de Virgile dans ſa Didon, qui ſelon les Chronologiſtes, naſquit plus de deux cens ans apres Enée. (Feuillet 55.)

Que l'exemple de Virgile, &c... : L'exemple de Virgile eſt icy mal apliqué & ſon faict ne correſpond pas au faict qui a eſté propoſé. Car le Poëte qui eſt icy excuſé pour auoir interuerty l'ordre du temps, n'eſt pas accuſé d'auoir dict vn

D

menfonge, quand au fonds ny faict raport de chofes qui
n'ont point efté, ains les termes mefmes de la propofition
le juftifient de cela. Mais quant à Virgile il eft coulpable du
crime de menfonge & de faux en difant & faifant arriuer en
vn mefme temps, non pas des chofes qui foient aduenues en
des temps diferens comme a faict l'autre Poëte, mais des
chofes qui ne font point aduenues, & qui mefme ne pouuoient aduenir en quelque téps que ce fuft, puifque Didon
& Enée nafquirent en diuers fiecles efloignés les vns des
autres, & ainfi le Poëte dont parle l'Autheur pourroit eftre
excufé, & Virgile blafmé, celuy la ayant dict vray & ceftuy
cy ayant dict faux, l'exemple duquel ne peut donc rien
conclure en ce regard, finon que l'Autheur des Sentiments
s'en vouluft feruir pour confirmer fon opinion en argumen-
tant du plus probable au moins .probable, & former fa
demonftratió fur l'enchere de Virgile qui eft trop haute &
trop hardie pour paffer en exemple, & il femble auffi que
l'Autheur ne l'a pas pris en ce biais la.

Or que l'exemple de Virgile, quant à dire vn menfonge,
foit pluftoft à euiter qu'à imiter, c'eft l'opinion de Iules
Scaliger dans fa Poëtique & de Ronfard dans fa preface fur
la *Franciade*, qui difent qu'encore que l'art du Poëte &
celuy de l'Hiftorien foient diferens, que neanmoins ils ont
quelque conformité, & des chofes qui font communes entr'eux comme les defcriptions des batailles, de l'affiette
d'vn camp, des riuieres, villes, forefts, campagnes, mais
fpecialement qu'ils ne doiuent jamais dire vn menfonge

contre la verité du faict comme a failly Virgile à l'efgard du temps, dict noftre Ronfard, c'eft à dire en la Chronologie, lequel a faict Didon eftre du temps d'Enée encore qu'elle fuft cent ans auparauant. Or fi l'authorité de ces deux grands perfonnages, & de Ronfard nommement, qui a repris Virgile en ce regard, peut eftre foumife à l'authorité de l'Academie, nous le laiffons à juger aux hommes doctes & judicieux & cependant nous remarquerons icy en paffant que Ronfard faict naiftre Didon cent ans auparauant Enée, & que l'Academie l'a faict eftre deux cents ans apres ; Mais entr'eux le debat.

Quant aux remarques que l'Academie a faictes fur les non valeurs de quelques vers, qu'elle accufe d'eftre foibles & rampans, elles feroient bien apliquées & judicieufement, fi leur correction eftoit en bonne forme & fi les penfées qu'elle a fubftituées aux vers, & les fyllabes qu'elle a preftées aux autres eftoient auffi bien mefurées fur le modele de l'Art poëtique comme elles font fur celuy de Grammatique, car il eft bien facile de corriger, ou pour mieux dire de conuertir les vers en profe, & cefte conuerfion la eftant vague & libre auec le choix des paroles elegantes & fignificatiues breues ou longues, il eft fort aifé d'eftendre, & d'exprimer, en oraifon folue, le fens, le propos & la penfée d'vn Poëte duquel la diction & l'expreffion eftant contrainte & gehennée dans les ceps d'vne vigoureufe poëtique, il eft fouuent forcé de demeurer court & d'eftre en defaut de quelque mot qui emporte fignification, c'eft pourquoy nos

criticques mordans quand ils ont entrepris la correction
d'vn poefme, & qu'ils ont mis la dent fur quelques vers ten-
dres & qui leur fembloient foibles en poidz ou en nombres,
ils ne les ont pas voulu attaquer auec les auantages que la
profe leur pouuoit fournir, mais ils les ont combatus auec
armes pareilles, ont donné vers pour vers, & les ont opofés
& mis en paralelle afin d'acception des vns, & rejection des
autres. , C'eft ainfi que Scaliger en a vfé dans fa Poëtique
quand il s'eft attaché à tous les Poëtes grecs & latins, afin
de les cenfurer, car apres auoir raturé & porté la main fur
quelques vers qui fembloient ne refpondre pas à la fufifance
de leurs Autheurs, il leur en a fubftitué d'autres & a faict
courir fa plume dans la mefme carriere ou ces premiers
Poëtes auoient bronché. Cela fe void en la plus part de fes
corrections , & particulierement fur ces deux excellens
Poefmes, le *Stilicon* de Claudian, et celuy de Sannazar *De
partu Virginis*, que les hommes de lettres ont tant eftimés,
& que Scaliger neanmoins a corrigé à l'efgard de quelques
vers aufquels il en a prefté d'autres qui eftoient de fa façon,
fi meilleurs, cela eft en queftion parmy les doctes. L'Academie donc ayant deftruict plufieurs vers de la Tragi-comedie
du Cid, elle deuoit en conftruire d'autres en la mefme
place, & en pareille fituatiõ, elle deuoit joindre l'exemple
au precepte, la practique à la theorie, & en marquant les
vers qui eftoient bas & rampans elle deuoit leur donner.des
pieds qui fuffent mefurés. fur leurs formes, afin de les
releuer & fouftenir, & n'eft-ce pas fon propre office, puif-

qu'elle entreprend vne jurifdiction fur les lettres, & puifqu'elle a prononcé publiquement contre le Cid, *que le fens*
de ce vers eft imparfaict, que celui la eft trop foible, que
cefluy cy ne fignifie pas bien, n'eft-ce pas fon office de
monftrer ou doibt eftre la perfection, & ou la force, & ou la
bonne fignificatió. Et c'eft en quoy on void que l'Academie
mefnage prudemment, ou qu'elle n'ofe debiter ce grand
trefor de fcience poëtique qu'elle recelle dans fon fein, puifqu'elle n'a daigné donner ny prefter vn feul vers au pauure
Cid en la place de ceux qui luy ont efté rebuttés & qui luy
ont failly au befoin, mais pluftoft il faut eftimer que ces
beaux vers Academiques font trop rares ou trop riches pour
feruir de lambeaux à r'habiller vn Poefme dechiré. Mais ce
que nous auons icy plus particulierement à obferuer eft le
procedé qu'on a faict à deux vers innocens, qui ayant efté
accufés, ains condamnés injuftement & fans eftre ouys,
fe prefentent icy pour eftre receus en leurs faicts juftifi-
catifs.

Donques l'Autheur du Cid ayant dict

vous efleue en vn rang.

Ce demy vers a efté banny de la France comme vn
eftranger par le jugement de l'Academie qui a prononcé
contre luy que cela n'eft pas François, qu'il faut dire *efle-*
uer à vn rang.

Si en toutes les remarques de l'Academie il y a de la
rigueur meflée auec la juftice, c'eft en la cenfure de ce vers

que la iuftice defaut & que la rigueur furabonde, fon Autheur eft accufé d'auoir forfaiĉt contre les loix de la grammaire & de s'eftre mefprix au choix, & à l'vfage de nos prepofitions en prenant l'vne pour l'autre. Cette difpute eft femblable à celle que fufcita Lucian entre ces deux lettres *S. T.*
dont Lucian mefme fe moque, lequel renuoya le procés
par deuant Mefdames les Voyelles en leur Tribunal pour
en decider juridiquement; mais cefte caufe eft d'autant plus
facile qu'elle ne confifte qu'en faiĉt dont la preuue refulte du
tefmoignage de nos bons autheurs & de l'vfage commun,
car en nos contentions verbales qui regardent la diĉtion,
la conftruĉtion, la liaifon & toute l'economie du langage
François, nous n'auons point de loy certaine ny aucunes
regles prefcrites qui en puiffent expreffement decider, &
noftre langue n'eftant point bornée ny enclofe comme font
les autres langues dans les deftroiĉts d'vne grammatique ny
d'aucun precepte qui euft le pouuoir de l'arrefter & de la
regir, chacun s'eft donné la liberté d'en vfer à fa fantaifie,
de choifir ou de compofer des mots à fa mode & de parler
comme il luy a femblé bon. De là eft venu que pour regler
noftre langage, & decider le diferent furuenu entre nos
efcriuains, ils ont conuenu que l'authorité des bons autheurs & l'vfage commun en feroient lés juges, de forte que
quand il eft queftion de juger de la bonté d'vn mot, d'vn
dialeĉte, de l'affemblage & de tout le baftiment de noftre
langue, les raifons ny ont point de lieu, chacun voulant
faire paffer fon opinion pour raifon, mais on fe fert des

exemples des bons autheurs & de l'vfage commun qui doibt faire loi en ce regard. Or fuiuant cefte·maxime qui eft vray, nous difons que pour decider noftre diferent & pour juftifier la bonté du vers qui a efté cenfuré par l'Academie il faut recourir à cefte authorité & à ce mefme vfage & voir ce qu'ils ont arrefté & practiqué en pareil faict, nous difons donc que noftre contention prouient d'vn feul mot qu'on appelle *prepofition*, dont on accufe l'Autheur du Cid d'auoir abufé en ce vers : *vous efleue en vn rang,* Et on luy objecte que cela n'eft pas François auec cette leçon qui lui a efté faicte qu'il faut dire, *efleuer à vn rang,* & la deffus, grand vacarme, comme fi l'Autheur du Cid euft introduict fur le theatre le parler Topinamboux ou celuy du Basbreton, Et cependant il a parlé le bon François & felon les regles du bien dire, l'vne & l'autre de ces deux prepofitions, *à, en,* eftant egalement propres pour en vfer en ce lieu là, car on pouuoit auffi bien dire *Vous efleue à vn rang,* comme on a dict *vous efleue en vn rang,* ces deux diuerfes leçons eftant communes & indiferentes. Or cefte alternatiue d'vfer de l'vne ou de l'autre prouient de ce que nos prepofitions, auffi bien que nos articles s'entrecedent la place les vns aux autres, que celles la ont plufieurs lieux qui leur font communs, & qu'il eft au choix de celuy qui s'en fert de les placer comme bon luy femblera; De cela nous en auons des authorités & des tefmoignages fi forts que nulle Academie contredifant ne les fçauroit efbranler. En voicy la preuue par vne nuée de tefmoins que nous produifons icy. Amiot au traiété, *Comme il faut nourrir les enfants,* s'eft feruy de la prepofition, *à,* difant, *fi pour plaire ils mettent l'honnefteté à nonchaloir,* Et cependant au mefme lieu & en vne femblable eloquution il a vfé de la prepofition *En; et ne mettoient poinét,* diét-il, *en nonchaloir d'aquerir la grace du bien dire,* pour monftrer comme l'vne & l'autre façon de parler luy eftoient indiferentes. Du Vair, en fes traiétés oratoires opinant fur la manutention de la loi Salique a dit, *c'eft mettre fa vie en vn euident haʒard.* L'Hiftorien Mathieu en fon aduertiffement fur l'Hiftoire, *Il y en a qui trouueront à redire en la façon auffi bien qu'en l'eftoffe de cefte hiftoire;* luy mefme encor & au mefme lieu, *il craint aucunement de la corriger en l'endroiét où il a efté aduerty,* le mefme Hiftorien encor & au mefme lieu, *les chofes nées en mefme jour fe raportent à d'autres temps,* Mathieu encor parlant de la mort de la Ducheffe de Beaufort, *elle alla oyr la mufique en l'Eglife de Saint-Anthoine.* Le fieur Du Pleffis Mornay en fon liure du *Miftere,* feuillet 69, *que s'en fuiuroit de la finon qu'en fa face & au plus fort de fon authorité il euft perdu fa caufe.* Le fieur De Montaigne, liure 3, chap. 8. *Vn homme de monftrueufe fortune,* diét-il, *venant mefler fon aduis à certain leger propos qui fe demenoit en fa table.* Balzac, livre 1, lettre 6. *Ie fuis bien aife,* diét-il, *de vous voir en vn lieu d'où vous remplireʒ toute la terre.*

Que fi l'authorité de tant d'excellens Hiftoriens & Orateurs

teurs ne fufift. Voicy celle des Poëtes qui furabonde, Ronfard en l'ode 14, du 3ᵉ liure,

> *Ie banderay mon arc qui jette*
> *Contre ta race fa fagette,*
> *Pour vifer tout droict en ce lieu*
> *Qui fe reffouit de ta gloire.*

Le mefme Poëte au commencement de fa premiere ode,

> *& faict boire aux François*
> *Au creus de leurs armetz en lieu de l'eau de Seine*
> *La Meufe Bourguignōne.*

Il n'a pas dict *au lieu,* mais il a dict *en lieu.* Theophile
auffi en vne de fes odes adreffée au Roy :

> *Dieu qui vous mit le fceptre en main,*
> *Qui vous le peut ofter demain.*

Et vienne apres cela toute l'Academie en corps, & qu'elle
paffe l'efponge fur ces tefmoignages la, mais qu'elle la porte
pluftoft fur fon ouurage, ou qu'elle concilie elle mefme fon
propre texte, car en la page 28 de fes Sentiments elle dict
ainfi,

Maintenant fi ce defnoüement eft felon l'art ou
non, c'eft vne queftion qui fe vuidera en fon lieu.

 Et pourquoy cenfurer noftre Poëte quand il a dict *en fon*
rang? pourquoy cefte prepofition *en* regira elle pluftoft

le mot de *lieu*, que celuy de *rang*, quand toutes les autres circonſtances de la loquution ſont egales ?

Nous auons dict que la deciſion de ces controuerſes verbales dependoit de l'vſage & de l'authorité, & enſuitte nous auons produict les teſmoignages des plus grands & celebres Autheurs, Poëtes, Hiſtoriens, Orateurs qui ont, en ce regard, prejugé la cauſe en faueur du Cid. Que ſi l'Academie veut fournir des reproches contre tous ces teſmoignages, c'eſt à elle à parler, ains à en produire de plus forts, car le ſien propre auec ceſte clauſe pitagorique, elle l'a dict, ſeroit auſſi ſujet à contredict.

SEIZIESME OBSERVATION.

L'Autheur de la Tragi-comedie ayant dict

qu'vn meurtrier periſſe

L'Academie luy a fait vne leçon la deſſus que le mot de *meurtrier*, qu'il repete ſouuent le faiſant de trois ſyllabes, n'eſt que de deux.

Ceſte legere remarque de l'Academie eſt pluſtoſt vne pure chiquanerie qu'vne juſte correction. Le mot de *meurtrier* ſe pouuant dire de trois ſyllabes auſſi bien que deux, & nos Poëtes en ont ainſi diuerſement vſé, les preceptes de l'Art poëtique permettent d'allonger ou d'accourcir pluſieurs mots, & nommement ceux qui ſont terminés en *ier*, en *yeux*, en *ion*, & autres ſemblables terminaiſons qui ſont laiſſées en la liberté du Poëte qui peut dire *precieux*, de trois fyllabes auffi bien que de deux, comme auffi *meurtrier*, *chreftien*, & autres, comme encore le mot de *poële* peut eftre diƈt de deux fyllabes pour *poële* trifyllabe, & ces loquutions la ne font pas des paffe-droiƈts fi licencieux comme font ceux cy de Virgile, *genua labant*, ou bien *labat ariete crebro*, car au regard des noftres, l'vfage en a faiƈt loy, & ceux de Virgile, outre qu'ils font fans authorité, ils corrompent la prononciation de la langue latine, or quand il y a conflit d'opinions entre ces diuerfités de prononcer, & que l'vfage & les bons Auteurs font my partis pour l'vne ou pour l'autre leçon, il faut en ce cas la, recourir à la raifon & prendre des mefures fur les agreemens qui foient propres à l'oreille & à la langue de celuy qui entend. Et quelle raifon peut auoir l'Academie de dire que le mot de *meurtrier* n'aura pas plus de fyllabes & n'ocupera pas plus de place en vn vers que le mot de *luy*, attendu que ceftuy-cy n'a que trois lettres & que l'autre eft compofé de neuf, car l'Autheur du Cid ayant reftrainƈt le mot de *luy* à vne fyllabe, l'Academie l'en a repris en difant que *luy* eft de deux fyllabes. Et cela eftant, ce mot de *trier*, qui va à plus grand train que l'autre, peut donc bien en auoir autant. Mais refpondent donc nos Academiques, pourquoy donner vn accent & vn repos à la langue fur ce mot de *luy*, & la faire courir en pofte en prononçant le mot de *trier*, puifque ny l'oreille ny la langue, qui font les Maiftres du parler, ny trouuent pas leurs mefures ny en l'audition, ny en la proclamation, & que celle cy nommement ne peut receuoir dans fon

palais, fans fe faire violence, le mot de *meurtrier,* à moins
de trois fyllabes, & celuy qui en voudra retrancher vne
fyllabe & couler par deffus la lettre *I* fans la prononcer, il fe
trouuera bien empefché en fon parler.

DERNIERES OBSERVATIONS.

Enfin nous difons pour dernieres obferuations, que l'Academie eft trop rigoureufe , & fes remarques trop rigides
pour vn arbitre refpeçtiuement conuenu, & que c'eft paffer
les termes d'vn doux & amiable compofiteur de prononcer
publiquement

que le fubject du Cid n'eft pas bon (feuillets 36, 190),
qu'il peche dans fon defnouement (feuillets 37, 112
& 191), *que la bienfeance y manque* (feuillets 58, 113,
117 & 191) *auffi bien que le jugement* (feuillet 79),
*qu'il y a beaucoup de vers bas & de façons de
parler impures* (feuillets 114, 132, 137, 143, 149 &
191).

Et ces titres la conferez gratuitement par vne largeffe
furabondante, & apres auoir remarqué & condamné tous
les defauts de l'ouurage en particulier & chacun en fon
propre lieu, appelez-vous cela couper quelques branches
des palmes & des lauriers d'vn Autheur pour les faire
pouffer dauantage en vne autre faifon? N'eft-ce pas pluftoft porter la coignée dans la racine & les arracher & de-

ſtruire tout à faiᐸt? Mais ſans vſer de metaphore & pour en parler veritablement, ne ſont-ce pas icy des remarques trop affeᐸtées de dire,

qu'il n'eſt pas vrayſemblable que Chimene aye voulu conſentir à eſpouſer Rodrigue le meſme jour qu'il auait tué le Comte. (Feuillet 49.)

Comme ſi l'amour & la prudence ſe trouuoient en vn meſme temps, *Omnia vincit amor, & nos cedamus amori,* a dit le Poëte.

qu'Eluire, ſimple ſuiuante de Chimene, n'eſtoit pas vne perſonne auec qui le Comte deuſt auoir ſon entretien. (Feuillet 70.)

Comme ſi vn pere, vn ſeigneur ne pouuoit pas s'entretenir & conferer auec la ſuiuante de ſa fille, de tant plus en ceſte conjonᐸture du temps, & de tant plus encore quand la ſuiuante eſt belle, ou femme de bon eſprit.

que le Comte, de quelque ſorte qu'il parle de luy-meſme, ne deuroit point paſſer pour vn fan-faron. (Feuillet 71.)

Comme ſi le mot de *fanfaron*, n'eſtoit pas l'epithete ou le propre de la quatrieſme mode d'vn Eſpagnol.

qu'au lieu que le Roy enuoye Arias vers le

Comte, il falloit qu'il luy enuoyaſt des gardes.
(Feuillet 79.)

Comme ſi vn gentilhomme enuoyé de la part du Roy &
portant la deffence ne pouuoit pas empeſcher le combat &
le duel entre deux caualiers.

*qu'il euſt eſté bienſeant que Chimene, en ceſte
occaſion, euſt eu quelques Dames de ſes amies pour
la conſoler.* (Feuillet 93.)

Comme ſi vn pere de famille venant d'eſtre meurtry,
toutes choſes ne pouuoient pas eſtre en trouble & en
deſordre dans ſa maiſon, ridicules & impertinentes corrections & à l'eſgard du Cid & à l'eſgard de ſes Obſervateurs.
Certes qui voudroit corriger ſur ces regles la, les ouurages
de la poëſie les plus parfaicts, il ne s'en trouueroit aucun
qui fut exempt de tache & d'imperfection. Homere meſme
auec ſes belles œuures ſeroit renuoyé à l'eſcole du jugement,
quand apres auoir dict qu'Achille eſtoit auſſi courtois &
humain que genereux & vaillant, il nous le vient par apres
depeindre pour le plus cruel & le plus barbare de tous les
hommes, qui apres auoir vaincu Hector, prince braue &
genereux luy en fiſt attacher le corps au derriere de ſon
char & le traiſner parmi le camp des Grecs, & à la veue des
Troyens en vengence & deriſion, comment cela peut-il
compatir auec la douceur & l'humanité? Certes de tant
moins qu'Hector eſtoit vn juſte ennemy & qu'il auoit eſté

vaincu en iuſte guerre. Quand le meſme Poëte raporte que
le chien d'Vliſſe reconnut ſon maiſtre à ſon retour du ſiege
de Troye & apres auoir eſté vingt ans abſent, ne ſeroit-il
pas cenſuré puiſque les Naturaliſtes diſent que les chiens
ne viuent pas ſi long-temps? Virgile auſſi ſeroit accuſé de
peu de iugement quand au ſecond liure de l'Eneide il dict
qu'Enée s'arreſta à diſcourir auec ſon pere & auec ſa femme
pendant que les Grecs ſaccageoient ſa ville, & en ce moment
la, il le faict entrer, ſortir & retourner dans ſa maiſon ſans
aller au combat auec ſes compagnons, Cela eſt-il vrayſemblable en la perſonne d'vn prince ſi genereux, & en cêſte
conionĉture du temps? Le meſme Poëte encore ſeroit cenſuré par l'Academie quand il dict au deuxieſme, qu'Helene
lors de la priſe de Troye s'eſtoit cachée dans le temple de
Veſta pour la crainte qu'elle auoit des Grecs & de ſon mari
Menelas, comme on peut voir depuis ce vers

  Iamque adeo ſuper vnus eram,

iuſques à ceſt autre vers,

  Abdiderat ſeſe, atque aris inuiſa ſedebat.

Et cependant il nous vient dire au ſixieſme liure que lors
de la priſe de la meſme ville, Helene eſtoit au haut d'vne tour
tenant vn flambeau allumé pour ſeruir de ſignal aux Grecs,

  flammam media ipſa tenebat
 Ingentem, & ſumma Danaos ex arce vocabat.

Et Horace qui a eſté eſtimé le plus iudicieux des Poëtes

latins & duquel Scaliger, excellent juge en ce meſtier la, a dict que deux de ſes odes valoient mieux que le Royaume d'Aragon, *quarum ſimiles malim a me compoſuiſſe*, dict-il, *quam eſſe totius Taraconenſis Rex*, Horace, dis-je, ſeroit auſſi cenſuré pour avoir attribué l'epithete de riche au pauure & miſerable Priam.

Ilio diues Priamus relicto.

Et cela apres auoir perdu ſon royaume & ſes enfants.

Noſtre Ronſard auſſi ſuiuant le train des autres, ſembleroit en pluſieurs lieux de ſes œuures, s'eſtre emancipé du commun raiſonnement pour ſuiure ſa propre fantaiſie, voicy comme il parle en vne de ſes odes adreſſée au Roy Henry,

> *Aduienne auſſi que ton fils*
> *Suruiuant au jour prefis*
> *Borne aux Indes ſa victoire,*
> *Riche de gain & d'honneur :*
> *Et que je ſois le ſonneur*
> *De l'vne & de l'autre gloire.*

Le deſir qu'a ce Poëte de chanter la gloire du Roy & de ſon fils, eſt bien à propos, mais le ſens du ſecond vers n'eſt pas raiſonnable ny aduantageux pour le Roy, puiſque Ronſard ſouhaite de le ſuruiure, & c'eſt vne penſée trop delicate pour la dire aux oreilles d'vn prince non que d'vn amy. Nous diſons donc qu'il n'y auroit Poëte ny quelqu'autre Autheur que ce ſoit, non pas meſme l'Autheur des Sentiments

ments Academiques, de qui les ouurages eftant examinés à
la rigueur & par les regles eftroictes & rigides de l'Academie, ou par celles mefme que nous practiquons icy, qui
fe peut fauuer & qui peut eftre exempt de cenfure & de
correction, & que fi Homere, fi Virgile, Ronfard & tous
les autres excellens Poëtes ont efté blafmés des vns &
excufés des autres & mefme parmy les critiques doctes &
judicieux, l'Autheur du Cid doit trouuer bon que fon
ouurage ait fuiuy le mefme train des autres poëmes, & que
toutes les parties, l'inuention, la difpofition, l'elegance, la
mefure des vers ayent efté balancées entre la faueur & la
rigueur, entre la grace & la juftice, entre la bonté & fon
contraire. Que fi la rigueur l'a emporté & fi aucune de fes
licences poëtiques n'a efté receue fauorablement non pas
jufques a vn feul accent, jufques à vn feul poinct, nous
difons que ces mefmes licences que l'Academie appelle
fautes volontaires deuoient neanmoins eftre excufées en
faueur de celles de ces excellens Poëtes qu'il a imitté en
l'vfage de leurs priuileges & qui luy ont efté en exemple ou
de bien faire ou de faillir. Les Poëtes ont des paffe-droicts
particuliers & au deffus du commun, ils ne font pas fi
contraincts dans les regles du raifonnement qu'ils ne les
puiffent quelquefois biaifer, *Pictoribus atque Poetis* dict le
prouerbe, leurs contes & leurs fables qui ne font que des
fictions & des menfonges leur font pardonnables, quant
aux circonftances, puifqu'ils ont leurs agreements & que
la complaifance les difpenfe fouuent de dire vray. Ceux

F

mefme qui ont blafmé l'Autheur du Cid ont excufé Virgile
en pareil faiĉt,

*qu'ils doutoient ſi l'opinion des Cenſeurs de
Virgile eſtoit receuable, et s'ils connoiſſoient autant que luy juſqu'où s'eſtend la juriſdiĉtion de
la Poëſie.* (Feuillet 47.)

Iurisdiĉtion donc particuliere, extraordinaire, abſolue &
non ſujette aux loix des autres diſciplines, & ſur laquelle
les licences & les priuileges de l'Art poëtique ſont fondés.

On reprochoit à Caton qu'il aimoit trop le vin & quelqu'vn l'ayant appelé yuroigne, vn de ſes amis repartit que
l'yuroignerie feroit pluſtoſt vne vertu que Caton fuſt diĉt
eſtre vicieux. Ainſi les fautes qu'on attribue à ces excellens
Poëtes feroient pluſtoſt des perfeĉtions de l'Art que de dire
qu'ils euſſent failly. Quoy qu'il en ſoit ceux qui marchent
ſur leurs pas doiuent eſtre compris dans leur diſpenſe, &
noſtre Tragi-comedie qui les a imittés ne craindra point ces
rigoureux Obſeruateurs, puiſqu'elle a pour complices d'vn
mefme faiĉt l'ILIADE & l'ENEIDE qui la pouront garentir par
leur credit & authorité.

FIN.

P. CORNEILLE.

1637-1638.

LA

DEFFENSE

DV CID,

A PARIS,

M. DC. XXXVII.

LA
DEFFENSE
DV CID,

Es iours passez voyant paroistre vn suiet contre le sentiment commun, & contre l'approbation generale que tous les bons Esprits auoient donnée à la Tragicomedie DV CID, & remarquant que ce liure poussoit vne si foible voix qu'on empruntoit tous les Echos de la Gazette pour la faire mieux retentir, & que d'ailleurs il se presentoit hors de saison apres auoir souffert sans resistance que son ennemy fist la conqueste & triomphast de la creance de tout le monde : ie iugeay que son effet seroit pareil à celuy d'vne troupe de picoreurs qui n'osant affronter vn regiment le laissent librement passer pour venir fondre apres sur la queuë & se ruer sur du bagage. Et me sentant

preſſé par la clameur importune de ces Gazettons du Pont-
neuf pendant vne ſemaine ne voyant point de iour à me
mettre en colère contre eux mon deſpit s'auança iuſqu'au
liure que i'achetay tout indigné de ce qu'il troubloit le
plaiſir que i'auois eu à lire quelques Scenes DV CID à l'ou-
uerture du premier feuillet ma veüe tomba ſur ces mots
AVX DESPENS DE L'AVTHEVR : certes penſay-ie en
moy, cet eſprit prognoſtique, comme vn fidele Almanach,
l'euenement de ſon liure qui aura cours aux deſpens de ſa
reputation. Et me mettant à lire pour entreuoir le deſſein
de l'Autheur dedans le cours de ſes paroles. Ie fis iugement
que cette œuure eſtoit la deſcharge de ſa melancolie, me
perſuadant par la ſuite de ſon diſcours que le grand eſclat
de l'ouurage fait pour LE CID, auoit produit ſur l'ame de
ce perſonnage ce que le ſoleil fait quand il eſt ioint à la
canicule à l'endroit de nos corps qu'il deſſeiche & recuit, &
faiſant boüillir au dedans la melancolie, rend la ratte où elle
ſe retire fort dure & importune. Ie le leuz donc en paix, &
permis le libre cours à cet eſprit qui ſe purgeoit, dont ie ne
m'offenſois non plus que des plaintes d'vn malade de qui
le mal cautionne et excuſe l'impatience, me promettant que
cet homme feroit deformais bien gay apres auoir mis hors
tant de mauuaiſes humeurs, ce qui me fait croire que ie
pourrois par vne Reſponce l'aborder ſeurement ſans craindre
ſon indignation, penſant bien qu'il ny en pourrait plus
auoir, ayant jetté tant de bile noire : En tout cas ie me ſuis
perſuadé qu'il ne fera pas plus mauuais à la recharge qu'à

l'attaque, où fon plus grand feu eſt employé. Et comme le grand zele qui l'anime à l'honneur des Poëtes luy a fait prédre la plume, le defir de mettre paix entre deux comba-tans, me porte à en arrefter le cours en luy monftrant tout doucement que fa veüe eſt preoccupee, & fon organe vicie comme d'vn fieureux à qui le vin femble amer à caufe du fiel qui s'amaffe fur fa langue et fur fon palais. Des efprits plus auätageux que le mien euffent renuoyé fon liure à la jaloufie conceüe à l'encontre DV CID, comme vn effet naturel à fa caufe propre, mais ie me fuis voulu efforcer d'auoir de luy de plus hauts fentiments, & croire quoy qu'à peine qu'vne grande ame comme la fienne ne fe laiffe pas toucher, ny mefme abborder par l'enuie qui eſt la plus baffe de toutes les paffions de l'homme, & le plus fort argument qu'il eſt efloigné de la vertu, puifque par elle le bien luy defplaiſt mefme en autruy, où il ne peut contraindre à aucune fubjeftion, mais en voulant le refuter, i'ay bien rencontré de l'obftacle, trouuant fon ordre fi confus qu'il offufque fon deffein. Sa péfee eſt de frapper fur celuy qui nous a fait parler François, cette belle Tragicomedie, mais n'y trouuant que peu ou point de prife il s'eſt fait de l'Au-theur & du Traduéteur vn feul objet de fon mefpris, les meflant confufément tous deux comme vn fujet vnique de la Satire qu'il en fait, mais parce que l'ordre me plait, ie traitteray à part ce qu'il dit contre l'Autheur & feparement, auffi les deffauts qu'il allegue contre fon Traduéteur faifant ainfi de ce difcours deux parties fans obmettre pourtant la

ſuite des cinq poinĉls où ſe reduit ſa cenſure leſquels ie cite
mot à mot.

1. Que le ſujet n'en vaut rien.
2. Qu'il choque les principales reigles du Poëme Dramatique.
3. Qu'il manque de iugement en ſa conduite.
4. Qu'il a beaucoup de meſchans vers.
5. Que preſque tout ce qu'il a de beautez ſont em-
pruntees.

De ces cinq articles, les trois premiers ne peuuent regarder que l'Autheur, le Traducteur n'y a point de part, il
n'a qu'à ſe deffendre des derniers où l'impoſition qu'on luy
fait eſt ſi legere qu'elle ne merite pas ſon courroux, vne
moindre plume de beaucoup que la ſienne pourra bien
deſtourner le coup.

PREMIERE PARTIE.

LE Cenſeur apres auoir auancé que Guillen de
Caſtro eſtoit l'Autheur DV CID, & qu'il Eſpagnol de nation, que les annees de ſix ſiecles
ont laiſſé pourrir tout à l'aiſe dans le tombeau
ſans deterrer ſes os ou troubler ſon eſprit, s'eſt aduiſé de le
combatre ſans l'auoir appelé ny aucun en ſa place, s'eſcri-
mant contre un phantoſme qu'il en a luy-meſme formé, & me
fait reſſouuenir de ce jeune Caualerice, dont les Humanitez
font foy, qui pour ſe façonner au combat à cheual courant

vn iour contre le Faquin, & ayant bien aiuſté ſa courſe, il
donna de droi& fil où il auoit deſſein de frapper, dequoy
tout rauy de ioye, il ſe retourne vers l'vn des ſpe&ateurs : &
bien, dit-il, eſt-ce pas-là vn beau coup, ſort bien, dit l'autre,
contre vn ennemy de bois. Le pauure Caſtro qu'on attaque
icy n'eſt plus qu'vn tronc de bois n'eſtant plus viuant
qu'aux monuments & aux ſtatuës qu'on a dreſſé pour luy
apres ſa mort, contre lequel les coups de noſtre Cenſeur ne
pouuant faire de bleſſure, ie ne veux pas entreprendre de
fendre la meſlee, & paroiſtre tout armé à ſa deffenſe. En
faueur de luy, toutesfois ie pourrois alleguer contre la tache
qu'on nous veut monſtrer en luy du manque de iugement,
tant au chois des matieres qu'en la diſtribution & l'ordre des
parties de ſa Tragicomedie que la Poëſie eſt vne fureur dont
les mouuements ne ſont pas ſi exa&ement conduits par la
prudence en quelque façon on peut dire d'elle ce qu'vn pere
de la venerable ᴀntiquité diſoit de l'amour, qu'il eſt plus
diuin que la dile&ion, parce qu'il emporte & rauit le cœur
à ſon objet auant toute éle&ion, il y va ſans conſulter, attiré
par le charme dont il eſt poſſédé qui luy oſte la cognoiſſance
qu'il ſe puiſſe trouuer d'autre bié qui le mette en eſtat de
choiſir. Celuy qui le tranſporte luy paroiſſant vnique, mais
la dile&ion ne va iamais qu'apres un chois qui la precede,
& qui ſuppoſe deux biens qui entr'eux debattent du prix
le leur excellence, puiſque dile&ion eſt vn amour d'éle&ion
& plus il y a de raiſonnement en nos affe&ions ſur tout au
eſpe& de Dieu plus il y a de l'humain, & où il y en a le

moins & plus de rauiſſement vers le ſupréme bien plus il y a du diuin, n'eſtans à cela attirez que par la pure beauté de l'objet. La Poëſie a quelque choſe de pareil, & ſes lumieres partent d'vne certaine fecondité d'eſprit qui deuance toutes nos reflexions, & qui ſortans de l'intime fonds de l'ame tiennent en quelque façon du diuin, puis qu'elles viennēt immediatement de ſon image qui eſt en nous, & de vray, nous ſentons en la lecture des Poëtes que là où cette fureur deffaut leurs penſees n'agiſſent que foiblement ſur nous & les mouuements qui en naiſſent reſtent touſiours à nos ames languiſſans & peu efficaces : il eſt des Poëtes comme des femmes pour cette raiſon, dont les premieres penſees ſont plus viues & plus heureuſes que les ſecondes ou leurs reflexions, parce qu'eſtant plus humides leur chaleur qui eſt prompte ſe trouue mieux ſecondée par l'humidité qui eſt flexible & maniable, & qui luy obeït plus aiſément qu'elle ne feroit pas par la ſeichereſſe qui eſt plus lente & pareſ-ſeuſe, ce qui fait que les Poëtes excellens ou ne font iamais des pieces de longue haleine, ou bien c'eſt à traites & repriſes, cette fureur eſt en eux trop actiue pour pouuoir longuement durer. Et pour marque que les Poëtes excellens n'agiſſent que par cette fureur qui ſemble tenir le deſſus du iugement, c'eſt que tous ceux qui ont eſté ſans pareil en leur meſtier ont eſté d'vne foible conduite en leur fortune, ainſi que nous voyons les artiſans qui paſſent le commun.

Pour ne pas toutesfois auoüer les deffauts que le Cenſeur luy

luy donne, il le reprend à mon aduis mal à propos d'auoir
inféré en fa piece quelque Scene, où il fait paroiftre vne
Infante qui eft touchee de mefme paffion que Chimene, puis
qu'elle n'entre pas dans la conclufion de la Tragicomedie, &
n'eft pas vne des parties qui faffe corps. Ie refponds qu'il fe
mefprend, & qu'il n'eft pas neceffaire que tout ce qui em-
belît & donne ornement, faffe partie de la chofe belle, les
mouches & les affaffins fur le vifage d'vne femme n'en font
pas ny les traits, ni les parties; mais on ne laiffe pas de les
y trouuer bien affifes, puifqu'elles feruent à releuer la blancheur par leur oppofition, & l'Infante introduite ne peut
point eftre inutile au deffein DV CID, bien qu'elle ne foit
pas du corps de fon deffein, puis qu'elle fert à releuer les
merites de Rodrigue dont elle auoit efté efprife toute Infante
qu'elle eftoit, & par la mefme à excufer Chimene de s'eftre
affermie à vne paffion où elle auoit veu vne Reyne affujetie.

Le Cenfeur a auffi peu de raifon de blafmer l'Autheur
DV CID, d'eftre trop enflé en fa memoire de parler & trop
hiperbolique aux loüanges qu'il donne apres la cheute
honteufe qu'il en court luy-mefme en fon liure; où en la
page 18 parlant d'vne augufte Reyne, il vfe de ces mots
(Ie parlerois plus clairement de cette diuine perfonne, fi ie
ne craignois de prophaner fon nom facré, & fi ie n'auois
peur de commettre vn facrilege en penfant faire vn acte
d'adoration). Paroles qui ne peuuent bien eftre tolerees
qu'en la bouche d'vn Payen, qui tiendroit fon Roy pour
vn Dieu, & qu'il adoreroit pour tel, fi bien qu'on luy peut

2

reprocher ce que Platon fit à Diogenes, qui fautant fur le liâ de l'autre & le gaftant de fes pieds, dit. Ie foule aux pieds la vanité de Platon à quoy luy fut refpondu tu le foules à la vérité, mais c'eft par' vn autre faft, & qui voudroit toucher tous les manquemens de fon liure on trouueroit la piece bien plus defeâueufe que celle qu'il combat & bien moins agreable. Il conjure les honneftes gens de ne point condamner fans les ouyr les Sophonifbes, les Cefars, &c., qui les ont charmes fur le theatre, & ie conjure les mefmes honneftes gens de iuger fi ces pieces là ont peu charmer fans eftre ouyes. Et faifant le Philofophe, il dit que le peuple fe laiffe tromper par celuy de tous les fens le plus facile à deceuoir, il feroit plus que tous les maiftres du meftier, s'il nous pouuoit monftrer qu'vn fens foit plus auantagé que l'autre contre la tromperie, tous font en eftat également de l'eftre, & de ne l'eftre pas fi l'on prend la raifon commune de leur objet, comme pour la veuë, la couleur en général. Pour l'ouye, la voix & les fons. Pour le fentir les odeurs, & pour le gouft les faveurs, tous les fens font à couuert de deception, car ils ne peuuent rien cognoiftre que foubs cette raifon cômune & fi l'on prend les mefmes objets foubs la raifon particuliere d'vn chacun, comme pour la veuë, le vert ou le jaune, alors tous les fens peuuent eftre deceuz, non pas plus l'un que l'autre, la tromperie leur venant ou de la diftance trop grande de l'objet, ou de l'organe indifpofé, ou du milieu preoccupé par où paffe l'image, fi bien qu'il eft fort loin de fon compte

le penſer qu'vn ſens ſoit plus ſujet à eſtre trompé qu'vn
utre, au reſte il eſt ſi clair en ſon diſcours, qu'il me reſte
ncore le doubte de quel ſens il veut parler, & ſi des la
remiere page il auance vne tant ſubtile doctrine, que doit-
n attendre de ſes enſeignemés. De ma part ie n'ay ſceu
onclurre quel pouuoit eſtre ſon but, ſi ce n'eſt un peu
'enuie, laquelle il cache ſi mal qu'il imite la perdrix qui
n cachant la teſte ſeule s'imagine que tout ſon corps eſt à
ouuert. Son pauure cœur eſt ſouſleué d'vne jalouſie qui le
reſle; ſa douleur ne luy vient pas de l'Autheur DV CID,
l en euſt eſté pluſtoſt frappé, mais de ſon Traducteur (j'vſe
e ce mot pour conuenir de principes auec luy, ma creance
'eſtant pas que Caſtro ait tout fait ce que nous auons
eu) il s'explique ſoy-meſme à la fin de ſon liure, & fait
oir le ſujet qui luy a mis la plume en main; mais voicy ſa
ineſſe de perdrix, il dit qu'il retient le nom de celuy contre
equel il eſcrit, & toutesfois ouuertement il combat celuy
uï nous a donné en noſtre langue le CID, que chacun
ait eſtre Monſieur Corneille. Habile Logicien, qui ne ſçait
as qu'on deſigne vne choſe ſinguliere auſſi bien par ſup-
oſition qu'en la nommant ou la monſtrant au doigt; ce
ue l'on fait en diſant d'elle vne qualité qui nous l'a donne
cognoiſtre comme ſi par le mot de Dauphin nous n'enten-
ions pas auſſi bien le fils aiſné de Fráce. comme en l'ex-
liquant autrement. On ne peut dóc doubter que ce ne ſoit
enuie. Qui pourtant n'eſt pas ſon premier achopement,
s moraux diſent que l'orgueil ou la vanité eſt vn appetit

d'exceller tout feul, & l'emporter par gloire fur tous les autres, & n'y ayant perfonne au monde qui ne trouue fon efgal ou fon fuperieur en excellence, de là vient le vice d'enuie qui eft vn defplaifir de la gloire d'vn autre, & voicy la delicateffe de noftre Cenfeur. Pour ne point voir en France pres de luy vn homme que tout le monde efleue par louange. Il s'efforce de la luy enleuer, & la transferer en Efpagne fur les cendres d'vn trefpaffé, difant dés l'entree de fon liure que s'il y a de la gloire en l'ouurage DV CID, elle appartient à Guillen de Caftro qui en eft l'Autheur, & Monfieur Corneille à fon dire n'en reftera que fimple Traducteur. Pour preuue que ce n'eft pas iuftice qui le porte à fauorifer Caftro, il pointe contre luy fa plus forte batterie, & fait comme le Turc, qui voyant deux Princes Chreftiens en guerre prend le party de l'vn, & auec luy furmonte l'autre, & fe faifit du pays du vaincu, & puis il fe deffait auffi de celuy qui l'a fauorifé pour s'emparer de fes terres. L'Autheur & le Traducteur DV CID pouuoient eftre en debat de la gloire de cette riche piece, le Cenfeur prend le party de celuy-là, pour abbattre cettuy-cy, & tout foudain apres il tafche de terraffer l'autre : s'il n'y a point d'enuie de rauir l'honneur à vn de noftre nation pour le donner à vne nation qui nous eft ennemie, ie n'entends rien à la morale, ou pourtant, ie penfe eftre plus verfé que le Cenfeur. Mais laiffons aux heritiers de Caftro d'acheuer à le deffendre, ie n'ay point vne fi forte paffion pour ceux de fon païs que ie m'y veulle arrefter d'auantage, mon deffein n'ayant efté que

de iuſtifier ſon Traducteur des mains duquel nous auons
receu cette riche Tragicomedie, ſi bien que ie paſſe à la
ſeconde Partie.

SECONDE PARTIE.

’Eſt en cette ſeconde partie où le Cenſeur fait
veoir l’objet de ſa jalouſie, n’ayant entrepris de
combatre l’Autheur que pour ſe guarir du mal
de cœur qu’il a de la gloire que s’eſt acquiſe celuy
qu’il l’a fait parler François : Il dit donc contre luy. En
premier lieu, qu’vn Traducteur n’a point de part à la gloire
de l’Autheur qu’il traduit, en quoy il peche contre le ſens
commun, il eſt beaucoup plus mal-aiſé de traduire & de bien
ſuiure l’eſprit d’vn Autheur qu’on fait parler en autre
langue que de faire vn ouurage propre. En cettuy-cy, nous
ſommes libres, & taillons en pleine piece pouuans eſtendre
nos inuentions & nos penſees à ſouhait, parce que nous
faiſons noſtre propre ſujet, mais celuy qui traduit eſt aſſeruy
aux penſées d’autruy. Ie compare vn Autheur à l’Orateur
libre, & qui diſcourt en proſe, il n’a nulle contrainte que
de ſuiure la raiſon & l’vſage des bons termes, mais le Traducteur reſſemble le Poëte qui ſe trouue engagé à la raiſon
aux bons mots & encore à la rime. Et comme le Cenſeur
ne voudrait pas ceder la gloire d’auoir bien fait en ſes Poëmes
à celle d’vn libre Orateur, il ne doit pas non plus reuoquer
en doubte l’honneur du Traducteur DV CID.

Amiot, bien loin d'auoir perdu ſon temps & manqué
d'acquerir de la gloire en traduiſant Plutarque, eſt iugé de
tous les bons eſprits l'auoir mieux fait parler François, qu'il
n'auoit fait ſa propre langue, vn mot de Philoſophie nous
ſeruira là deſſus. Vn Autheur peut auoir des penſées, dont
bien ſouuẽt il n'exprime pas toute la vigueur prenant l'objet de ſa conception par l'endroit où il s'apperçoit qu'il peut
faire à ſon deſſein, il s'en ſert par là, & l'employe. Cette
penſée eſtant miſe par eſcrit vient puis apres à eſtre maniee
par l'eſprit du Traducteur. Il eſt par elle conduit à l'objet
qui l'a fondée, dans lequel il fait la deſcouuerte de nouuelles
lumieres qui peuuẽt animer dauantage la penſee de l'Autheur en la faiſant ſortir ſoubs des nouueaux mouuemens
& plus viue qu'elle n'eſtoit, ſon addition ne luy doit-elle
rien valoir ? Souuent il nous arriue entendant un preſcheur
qui nous eſtale ſa conception d'y remarquer d'autres raports
que ceux que nous luy voyons employer celuy qui eſt de ſon
meſtier apres l'auoir ouy, venất à s'en ſeruir en tire ce que
l'autre ne s'eſtoit pas auiſé d'en tirer. C'eſt ainſi qu'Amiot
a mieux fait que Plutarque, bien qu'il n'ait dit que ſes penſées, c'eſt auſſi tout de meſme que noſtre Traducteur DV
CID a mieux fait que ſon Autheur, & c'eſt ainſi qu'il a
merité la gloire uniuerſelle qu'on luy donne.

Et comme le Cenſeur blaſme la piece de l'Autheur, il
condamne auſſi par une iuſte conſéquence le choix que le
Traducteur en a fait, voulant qu'il ſe ſoit luy-meſme enue-
loppé dedans les manquemens qu'il doit auoir recogneuz

de l'autre en l'œuure qu'il a entrepris de mettre en noſtre langue pouuant s'appliquer. A vne plus complete à quoy ie reſponds deux choſes, l'vne qu'il eſt vn excellent eſprit d'auoir ainſi excellé ſur vn mauuais ſujet, un Aduocat qui releue le peu de droiƈt d'une mauuaiſe partie a bien plus de loüãge que celuy qui abonde en raiſons & en titres de la iuſtice de ſa cauſe, que n'eut fait ce Traduƈteur s'il luy ſut tombé en main vne piece ſans reproche ? Le bien, diſent les moraux ſolide & bien cogneu eſt plus puiſſant à mouuoir le cœur que celuy qui n'a qu'vne legere apparence.

L'autre choſe eſt que noſtre traduƈteur en a vſé de la ſorte pour s'accommoder au temps, & pour faire des ouvrages à la mode où l'on produit ce qui plaiſt, et non pas ce qui eſt le mieux. Nos Tailleurs & nos Cordonniers habillent & chauſſent d'vne façon & repugnante à la raiſon, & incommode meſme au corps, mais ils ont leur excuſe prompte que c'eſt le courant de la mode qui les oblige à cette forme, nous voyõs meſme par les places publiques des affiches qui publient l'hóneſte Hõme ou la Morale de la Cour, celuy qui donne tiltre à ſa ſcience de la Morale de la Cour ſçait bien que les vertus de la morale ne chãgent pas de nature en la perſonne des Courtiſans, ouy bien de matiere externe où elles ſont appliquees, mais il cognoiſt la vanité commune qui pouſſe chacun à vouloir eſtre Courtiſan, il les attire par l'amorce de ce titre à venir prendre ſes inſtruƈtions qui ſeront les meſmes qu'il donneroit, s'il eut mis en teſte de ſon affiche l'Homme de bien ou la

Morale des hommes vertueux. Ainſi le Traducteur a remarqué que le deſſein de ſes ſemblables eſt d'amuſer le
monde, & de donner paſſe-temps à vn nombre infiny de
femmelettes, & d'eſprits d'hommes qui trempent à meſme
inclination, il a trouué la piece DV CID fort propre à cette
intention s'il s'en eſt ſeruy, il a fait veoir le bon-heur de
ſon choix par l'heureux éuenement qui en eſt reüſſi, & par
l'vniuerſelle approbation de tous les bons eſprits, le Cenſeur
& ſes partiſans exceptez, mais ils ont intereſt en la cauſe,
comme bleſſez par l'eblouyſſement d'vne ſi grãde gloire.
Tant de redites d'vne meſme piece accueillies par des ap-
plaudiſſemẽs qui ont reſpõdu à toutes les repetitions ſont-
ce pas des preuues concluantes tirées de l'effet, que ſon
élection luy a eſté fortunée? Et ie demande au Cenſeur ſi
les pieces qu'il met en parallele à celle de noſtre Traducteur
ont eſté plus vtiles que la ſienne, quel mouuemẽt de vertu
ont-elles iamais excité au coeur des Eſpectateurs, mais quel
motif a la vertu y peut-il remarquer? S'il y en a, ils me
ſont autant incogneuz que ceux qu'on pretend qui ſont
cachez en la Satire de Rabelais qui la compoſa (dit la Tra-
dition) pour reformer les mœurs de ſon temps, mais il y a
meſlé tant & de ſi frequentes railleries, qu'elles eſtoufent ſon
intention de reformer. Ces pieces dont parle le Cenſeur, qui
ont deuancé la Traduction DV CID, en ont fait tout autant
du deſſein qu'ils diſent auoir eu de profiter par les affecta-
tiõs qu'ils ont de plaire, en quoy ils ſe ſont ſi fort employez
qu'on ne peut veoir la penſée qu'ils ont eu de profiter pour
la

vertu : fi donc leur effet eft pareil à celuy de noftre Tra-
ucteur, pour quoy fera-t'il blafmé par eux pour les auoir
nité au defir de contenter leurs Auditeurs & leurs Lec-
eurs.

Le Cenfeur & fes adherans ont-ils fait vne élection plus
lorieufe en choififfant des vilains mots François qu'ils
nettent en parade comme pierres d'eflite aux encoigneures
'vn baftiment. Iufqu'à eux vn honnefte homme ne fe fut
:ruy pour la vie du mot de Choquer, qui n'eftoit en vfage
u'à la bouche des Crocheteurs & des Païfans, à la place
uquel les deliez fe feruoient du mot de heurter, mais de-
uis qu'il a pleu à ces grands Genies de noftre temps d'ef-
:uer en hõneur le terme de Choquer, on le dit & redit par
ne fade repetition comme fait le Cenfeur, luy-mefme.
Ont-ils donné encore vne plus digne preuue de leur iuge-
nent à choifir vn bon employ, d'affembler des Académies,
u comme en vn Parlement, les Chambres affemblées ils
nt condamné & bany le mot de CAR, que fa Majefté em-
loye pour la plus expreffe marque de fa Royale & fouue-
aine authorité, auec vne infinité d'autres bons mots qu'ils
·retendent eftre fes complices, leur penfée glorieufe ayant
fté qu'à mefure que le Roy eftendoit fes conqueftes bien au
elà des alpes ils trauailloient icy à luy rongner la langue,
& retrancher les meilleures dictions qui foient en fon lan-
:age ne pouuant fouffrir qu'il euft vn difcours auffi co-
·ieux que fon fceptre eftoit amplifié. Au moins f'ils fubro-
:eoient d'autres mots en leur place & qu'ils nous peuffent

3

garantir des redites d'vn mefme mot en fuprimant les Sino-
nimes qui nous donnent le moyen de diuerfifier.

En fecond lieu, il l'attaque en detail en cottant fes fautes
pretenduës, & difant

Qu'il à beaucoup de mefchans vers.

Ce Cenfeur imite en cet endroit ce Pere eftourdy qui af-
feuroit en iurant Dieu qu'il chaftieroit fon fils qui venoit de
iurer fa foy. Il veut reprédre quelque rudeffe legere, & encore imaginaire aux vers de noftre Traducteur par vn mot
plus rude cent fois. Nous n'employons iamais le mot de
mefchant que pour declarer, ou vn fcelerat, ou vne chofe
qui ne vaut plus rien, ce font les douceurs de la mode que
noftre Cenfeur nous fera prendre fi nous fommes fi fols que
de l'en croire. Voyons le donc ie vous prie tout en fueur,
auffi glorieufement occupé que l'hiftoire Romaine nous dit
qu'eftoit vn Empereur au plus fort de la guerre à prendre
des mouches en fa chambre. Hautes & eminentes penfées
d'vn homme qui dit à la fin de fon livre : *Eftant ce que ie
fuis :* Si i'auois de l'ambition, elle auroit vn plus haut objet
que la renommée de cet Autheur parlant de noftre Traducteur, il entre donc tout fumeux de ces mefchans vers, dont
voicy le premier qui eft criminel de leze Majefté poëtique
ou hypocondriaque.

Entre tous ces Amans dont la ieune ferueur

C'eft dit le Cenfeur parler en Alemand que de donner de
la ieuneffe à la ferueur : Noble Rethoricien qui n'a iamais

eu des nouuelles de la plus haute façon de parler qui eſt la metaphore ou ſimilitude racourcie, il n'a iamais ouy dire vne riante prairie, tout rit en cette chambre, pour dire tout y eſt agreable. Comme eſt l'homme quand il rit. Vn habile homme & qui parle à la mode, liſant cette cenſure dit de luy cette metaphore : *Il a l'eſprit encore bien ieune.* C'eſt à dire bien peu informé : Ieune ſerueur veut dire tendre & commençante par rapport à la ieuneſſe. Il attaque toute la Philoſophie qui rend le mot de rire equiuoque à l'homme & au pré, ce qu'il ne peut faire que par vne méta- phore, puiſque le pré ne rit pas proprement, c'eſt bien eſtre non pas Alemand, il n'eſt pas aſſez ſçauant, mais Topinam- bour de trouuer à redire à vne telle façon de parler.

> *Ce n'eſt pas que Chimene eſcoute leurs ſouſpirs,*
> *Ou d'vn regard propice anime leurs deſirs.*

Il corrige *Ou* en *Ny,* les affaires de la Grece, diſoit Ho- mere, ne tiroient pas leur bon ou mauuais ſuccez du man- quement qu'on luy impoſoit d'auoir obmis vn accent en prononçant vn mot, mais celles de la France penchoiét à leur ruine ſans la mutation d'vn *Ou* en *Ny* que fait noſtre Cenſeur, & ce chágement eſtant pluſtoſt corruption que cor- rection, tout l'eſtat ira mal. Digne maiſtre de l'eloquéce, & auſſi peu fortuné Logicien qui n'a ſçeu remarquer à qu'eſ- couter les ſoupirs porte vne autre conception, que d'animer par des regards, en l'vne nous ſommes paſſifs, et ne faiſós qu'eſcouter : en l'autre nous ſommes aĉtifs, & que Chimene pouuant par l'vn ou l'autre departir ſes faueurs, il fait bien

de les mettre difjonctiuement par la particule *Ou*, s'il auoit
eftudié en Logique il fçauroit que le fecond vers eft auffi
bien negatif que le premier par la force de la negation qui
eft au commencement du premier, laquelle a plus de graces
d'auoir efté fupprimée au fecond en difant *Ou*,

Tant qu'a duré fa force a paffé pour merueille,

Il dit qu'il faut adjoufter vne merueille, pauure Orateur
qui ne voit pas qu'vne en cet endroit affoiblit l'energie du
mot de merueille, qui eftant prononcé fans eftre limité par
vne, a plus de force & d'eftenduë, puis que toute limitation
eft vne reftriction que fi on la met en d'autres lieux, c'eft
que le fujet le requiert, mais il la rejette icy où il fait la
defcription d'vne force qui franchit tout.

L'heure à prefent m'appelle au confeil qui s'affemble,

Il veut, *qui s'affemble*, eftre fuperflu, & ie dis qu'il ignore
les regles d'vn bon raifonnement qui n'eft iamais fans
preuue. Il eft là dit qu'il faut qu'il s'en aille au confeil pre-
fentement. Voylà fa conclufion, & en voicy la preuue par
vn Entimeme, le confeil où ie dois affifter defia s'affemble,
donc ie ne puis ici raifonnablement retarder, il dit auffi
qu'*à préfent* eft trop bas pour les vers à quoy ie refponds
que fon choquer fi frequent n'eft pas plus effeué, & que
n'en a-t'il affigné vn plus haut. Penfee, certes digne de ce
Cenfeur.

Deux mots dont tous vos fens doiuent eftre charmez.

Le Cenfeur monftre bien qu'il n'eft pas Phificien, &

qu'il n'a iamais veu le Traicté de l'Ame : Il dit qu'vne
bonne nouuelle ne peut point charmer tous les fens qu'il
fçache en premier lieu que l'effet du charme, qui n'eft point
vn enchantement; mais vn engagement du cœur, comme
il eft mis icy, ne tombe pas fur le fens, à prendre le fens
proprement, & pour les facultez cognoiffantes, qui font la
veuë, l'ouye & tous les autres : l'objet paffe bien par eux,
mais leur office n'eft que de le cognoiftre, & de nous en
informer, & fuiuant leur cognoiffance, noftre appetit fe meut
& fe laiffe charmer par l'excellence de l'objet, & parce que
nos paffions qui font les mouuemens & les actes de noftre
appetit, font affections fenfibles, & qui fuiuent le fens, l'on
les prend fouuent pour le mefme fens, fi bien que quand on
dit qu'vn homme a tous les fens charmez, c'eft dire que
toutes fes paffions font occupees & attachees à la chofe qui
leur eft propofée comme aimable en vn haut & eminent degré.

Qu'il fçache en fecond lieu que nos fens & nos paffions
fe contentent en deux façons, l'vne par la prife de leur
propre objet qui eft toujours fenfible, l'autre par vn reflux
& rejaliffement du contentement de l'efprit qu'on die à
l'improuifte. Vne bonne nouuelle à vn homme qui ne l'at-
tend pas, la joye que l'efprit en prend, fi elle eft exceffiue, fe
refpandant iufqu'à l'appetit, le fait demeurer immobile en
l'aife qui lui vient de la partie fuperieure, les fens mefmes
demeurent ftupides en leur fonction, l'influence de l'ame
eftant employée à faire iouïr l'efprit du bié qui luy eft pre-
fenté, & la preuue de cecy eft qu'en vne telle rencontre

l'homme perd l'enuie & la puiſſance de manger, & meſme il n'eſt pas attentif aux choſes du dehors, d'autant que l'ame qui eſt d'vne vertu finie eſtant alors appliquée viuemēt au dedans fournit fort peu d'influēce aux actions externes, & c'eſt en ceſte ſorte que le Traducteur a pû dire que tous les ſens eſtoient charmez par la communication des tranſports de l'eſprit, & ainſi il n'y a point de ſinechdoche où la partie ſe prēd pour le tout, puiſque le ſens ici eſt un tout & em-ployé comme tel.

Et ie vous voy penſiue & triſte chaque iour,
L'informer avec ſoin comme va ſon amour.

Ie ne puis comprendre icy cōment il trouue à redire, on ne peut ny mieux ny plus clairement exprimer le ſoin d'vne perſonne qui informe vne Amante de l'eſtat, c'eſt à dire de l'object de ſon amour : le Cenſeur dit qu'il failloit mettre *Ie voy que vous vous informez.* Beau logicien qui prend la cauſe eſloignée pour la prochaine ſi ie m'informe pour apres informer vne autre, en cela i'allègue que ie me ſuis informé, il ſuffit que ie die que i'ay informé l'autre, puis que pour l'informer on ſuppoſe cóme choſe eloignee que ie me ſuis moy-meſmes parauant informé. Il adjouſte qu'il faloit dire comme quoy va ſon amour, ce qui eſt auſſi eſlegant que cette phraſe des artiſans de Paris, *Ma mere dit ainſi que vous veniez chez nous,* au lieu de dire de plein ſaut ſans adjouſter, dit ainſi

Que ie meurs ſ'il ſ'acheue & ne ſ'acheue pas,

Il dit qu'il faloit adjouſter ſ'il ne ſ'acheue pas, mais ie le renuoye en Grammere pour apprendre la figure Zugma qui uy enfeignera que le *Si* du premier vers, fert pour l'un & pour l'autre, & que la repetition en eft impertinente, puif-que les deux parties du Dileme f'y reduifent congruëment.

Elle rendra le calme à vos efprits flotans.

Il eft auffi bon Medecin comme il eft bon Philofophe, il dit que c'eft mal parler de dire efprit flotant, mais qu'il f'çache que toute leur fonction n'eft que de floter, & qu'ils font en continuel mouuement, foit les naturels pour porter 'aliment & le fang aux parties par les canaux des veines, foit les vitaux qu'on appelle fluants qui du cœur par les arteres vôt par tout pour remplacer le manque des efprits fixes ou attachez aux parties, lefquelz fe diffipent fans ceffe par le mouuement vital, foit enfin les animaux ou fenfitifs qui du cerueau par les nerfs courrent continuellement pour feruir, tant au fentimét qu'au mouuement ou local ou œco-nomique qui fe fait dedans nous, fi bien que tous ces efprits flotent fans ceffe & fans leur flus & reflus, nous ne pour-riôs refpirer ny faire iouër nos poulmons. Quand donc le Traducteur parle de rendre le calme aux efprits flotans, il parle correctement, & faut que le Cenfeur apprenne que c'eft de ces efprits-là qu'il entend parler & non pas de l'en-endement ny de la partie fuperieure, laquelle quand elle agit, fait une impreffion fur les paffions, l'ame raifonnable ayant vn empire fur la fenfitiue comme cette-ci fur la vege-ante : de là vient que la partie fuperieure venant à mou-uoir l'appetit animal. Cettuy-ci pour faire fes fonctions ne fe fert pas feulement des efprits animaux, mais il met auffi en efmeute les efprits vitaux, & pour cela les actes de l'appetit fenfitif font nommez paffions, d'autant qu'ils font paffion fur le cœur, & agittent ces efprits vitaux. Celles qui tendent vers la iouyffance, comme l'amour, le defir, l'efpoir, la ioye, le dilatent & elargiffent par trop, & par là le font fouffrir, celles au contraire qui vont vers la triftelle telles que font la haine, la crainte, le defplaifir le refferrent auffi par trop. Si bien que tant les vnes que les autres mettent le cœur hors de fon train & mouuement ordinaire, & tout cela par le moyen de ces efprits que les paffions agitent, & quand l'efprit ou la portion fupréme de l'ame ceffe de mouuoir, & de faire impreffion fur l'appetit, cettuy-ci auffi ceffe peu à peu, & par bonne confequence les efprits dont il fe feruoit, prennent le calme comme fait la mer peu à peu quant le vent a ceffé.

Ma plus douce efperance eft de perdre l'efpoir.

Il appelle cela galimatias mais il n'a pas appris que l'efperance, bien qu'elle ait pour objet le bien, on ne laiffe pas de l'employer pour fignifier attente, fi bien que le Traducteur veut dire, ie preuoy que l'euenement de mon efpoir fera trompeur, & que ie ne dois attendre que de me voir fruftré de ce que i'efperois.

Le Prince pour effay de generofité.

Il dit que ce mot d'effay & celuy de generofité fót vne fauffe rime, ie ne croy pas qu'auec des lunettes d'approche, la meilla meilleure veuë du monde puiſſe voir qu'il y ait à ſon dire, ny rime ny raiſon. Où eſt-il icy queſtion de les faire rimer?

Gaigneroit des combats marchant à mon coſté.

Il dit qu'il faut dire bataille, comme ſi bataille & combat n'eſtoient pas ſinonimes de meſme qu'habit & veſtement; ſi c'eſt qu'il ait bany combat de ſon Dictionnaire, comme il a fait le Car qu'on iuge de ſon impertinence, le Traducteur eſt tenu pour meilleur François que luy.

Parlons en mieux, le Roy fait honneur à mon aage.

Il dit que la ceſure manque là, mais il la trouuera apres le Roy, s'il oppoſe qu'on diſjoint la periode, & que le Roy doit aller de ſuite, auec fait honneur à mon aage, qu'il voye vn exemple pareil & bien pire en Malherbe qu'il adore.

> *Ou que n'oſte des Cieux*
> *La fatale ordonnance*
> *A ma ſouuenance,*
> *Ce qu'elle oſte à mes yeux.*

Y eut-il iamais vne infame coupure d'vne periode par moitié, dont les parties ſont en deux vers differens, n'y vne tranſpoſition honteuſe, comme la. Du moins icy, ſi on la coupe, c'eſt vn meſme vers.

Le premier dont ma race a veu rougir ſon front.

Le Cenſeur comprend bien qu'on dit à la mode le front d'vn bataillon, mais il ne peut aduoüer qu'on doiue ou puiſſe dire, dont ma race ait veu rougir ſon front, le mot de front n'eſt-il pas auſſi bien pris par metaphore au bataillon,

4

comme icy. Ce qu'il allegue là deffus, porte fon impertinence & eft hors de propos allegué. Ie fuis d'aduis qu'il
corrige la Bible, où elle dit qu'il y aura toufiours dans Iudée
des Princes de la cuiffe de Iuda, ce qui veut dire de fa race,
iufqu'à la venuë du Meffie, mais ces Meffieurs de la mode
eftans efprits forts n'y regardent pas de fi pres.

Qui tombe fur fon chef rejalit fur mon front.

En la fable de l'affemblée des animaux qui fe fit pour
reformer leurs meurs on paffa legerement le carnage des
hommes que le lyon & le loup auoient fait, mais le pauure
afne preuenu d'auoir mangé quelques brins de paille qui
fortoient des fouliers de fon conducteur, fut condamné d'a-
uoir la corde au col & les fers aux pieds. Voicy vne iuftice
toute pareille digne de la correction de noftre Cenfeur, &
de l'exageration qu'il fait des mefchans vers. Quoy la France
laiffera viure Monfieur Corneille, apres le crime d'auoir dit
Chef au lieu de Tefte, bien que l'Italien prenne Capo &
Tefta, indifferamment on voit bien que le Cenfeur veut
mordre. I'en cotterois bien d'autres pires dans fes œuures,
& l'empefcherois encore bien plus, fi ie cherchois de luy la
raifon, pourquoy il retranche le mot de Chef.

Au furplus pour ne te point flatter.

Ce mot de furplus, dit-il, eft de chicane, & non de poëfie,
& de la Cour : Ie lui voudrois demander ce qu'il appelle la
Cour, s'il la prend comme il femble faire pour la poëfie,
puis qu'il le met comme termes qui s'expliquent, & qui equi-

polët cette phrafe, ce n'eft point vn mot de poëfie, c'eft à dire de la Cour; Il fera mis en procez, Meffieurs les Courtifans s'offençans efgalement qu'on les appelle poëtes ou melancholiques, parce que ces termes font de douces diétions, qui en leur fens myftique veulent dire des efprits qui font au de là, & plus auant que la fageffe, & qui pour auoir efté trop fages font deuenus vn peu gaillards, que f'il prend la Cour pour vne bande d'hommes qui fçauent bien parler, où la trouuera-il mieux qu'au Parlement, où l'on difcourt auec fageffe & cognoiffance de caufe, c'eft là où les Courtifans prennent plaifir d'aller, pour entendre des Plaidoyers d'Apparat, où l'on remarque la pure Eloquence : Et ce nouueau Retoricien appelle leurs diétions paroles de chicane. Qu'il me die par quel autre mot fera-t'il vne plus douce tranfition pour vfer du mot d'Orateur ? Le Latin ne dit-il pas *Cæterum,* qui veut dire, *au refte, au furplus;* puis que tous nos mots viennent du Latin, comme noftre phrafe & maniere de parler du Grec, & que les Romains nous ont fait changer la langue de Gaule pour prendre la leur, qui peu à peu a degeneré en celle dont nous vfons : & en Italie elle a paffé en idiome Italien?

Se faire un beau rempart de mille funerailles.

Cette phrafe eft extrauagante, dit-il, & ne veut rien dire. Pour eftre extrauagante il faut que ce mot de funerailles n'ait point de rapport auec vn corps mort. Ou bien il ne fait ce que veut dire extrauagante. Qu'il fçache donc que par la figure metonimie, ou le contenant fe prend pour le contenu,

la caufe pour l'effet, la puiffance pour l'objeſt : & à l'oppo-
fite funerailles fe prend pour vn corps mort ; à peu pres
comme nous difons vn tonneau de vin, bien qu'il foit de
bois ; vn bel afpeſt, parlant d'vne campagne, bien qu'il foit
l'aſte de nos yeux.

Plus l'offenfeur eſt cher.

Ce mot d'offenfeur n'eſt pas François, dit-il. Ie refponds
qu'auffi peu eſt-il bas Breton. Le Cenfeur qui fe veut mefler d'impofer les noms à plaifir, doit apprendre que le nom
eſtant vne courte & abbregée expreffion de l'effence de la
chofe qu'on nomme, il en faut cognoiftre la nature pour la
bien nommer comme faifoit Adam, qui appelloit chaque
chofe par fon vray nom. Et luy qui ne cognoiſt pas ny les
chofes, ny leurs aſtions, paroiffant en fon Liure defeſtieux
en fcience, fe peut-il conftituer iuge fi les noms font bien
ou mal employez, & fi l'on dit bien felon la mode, l'aggref-
feur, que l'on employe comme l'attaquant : pourquoy non
l'offenfeur ou l'offenfant ?

A mon aueuglement rendeʒ vn peu de ıour.

On ne peut, dit-il, rendre le iour à l'aueuglement, ouy
bien à l'aueugle. Vous l'empefcheriez bien de rendre raifon
de cette cenfure, ce font des fufées qu'il ne peut pas aifé-
ment demefler, & de fa cenfure propre ie le veux frapper,
comme fit ce grand Brafidas qui tua le foldat du poignard
dont il l'avait bleffé. En fa premiere page appelant le CID
un phantofme : Il dit qu'il a abufé le fçauoir, comme l'igno-

rance. Si c'eſt mal dire aueuglement, au lieu d'aueugle, ce
l'eſt auſſi de dire ignorance pour ignorant, & ſçauoir pour
ſçauant. La raiſon eſt, que ces termes qu'on appelle ab-
ſtraits en l'eſcole, ſignifient en cet endroiſt les accidens
ſeparez de leur ſujet : comme blancheur exprime la nature
de telle couleur detachée de la choſe où elle eſt. Et il eſt
impoſſible qu'vn accident ſans ſujet puiſſe agir ou pâtir,
puiſqu'à part & ſans luy il ne peut auoir l'eſtre ; & ainſi ny
e ſçavoir, ny l'ignorance ne peuuent eſtre abuſez. Puis donc
que le Cenſeur a failly, auſſi bien que le Traduſteur, il a
perdu le droit de l'en reprendre : Que s'il croit qu'on le doit
paſſer pour luy, il paſſera encore icy :

Allons mon ame, & puis qu'il faut mourir

Il dit, l'aimerois autant dire allons moy-meſme, que de
dire allons mon ame. Où il fait voir qu'il eſt autant Phyſi-
cien que Logicien. Par la Phyſique, il eut appris que moy-
meſme eſt vn tout, & qu'vn tout n'eſt pas la partie ; il eſt
quelque choſe, mais quelque choſe diſtinguée d'elle, combien qu'il la contienne, parce qu'il a encore en ſoy d'autres
choſes auec elle ; & que l'ame eſtant vne partie de l'homme,
n'eſt pas la meſme choſe que luy, bien qu'elle ſoit en luy,
puiſqu'il a de plus par deſſus elle le corps, & les accidens :
ſi bien qu'il peut dire, allons mon ame, comme parlant à
vne choſe diſtinguée de luy. Mais il ne peut dire, allons
moy-meſme. Ce ſeroit vne façon de parler qui a du rapport
aux propoſitions que la Logique appelle nugatoires, c'eſt à
dire ſottes & badines qu'elle banit de ſoy, parce que le ſujet

& l'attribut ne font qu'vne mefme chofe, & prife en mefme
fens, comme qui diroit, l'homme eft l'homme; ainfi allons
moy-mefme eft de cette nature : mais allons mon ame eft
bien dit. Le Prophete Elie en cefte façon inuitoit fon ame
à mourir. Ie fuis d'aduis que le Cenfeur encore le corrige.

Refpecter vn Amour dont mon ame efgarée
Voit la perte affeurée.

Il dit que ce mot d'efgarée n'eft mis que pour rime, & n'a
nulle fignification : Qu'il aille chez Nicot pour apprendre
fi efgaréc ne fignifie rien; & renuoyant au Cenfeur fon
propre dire, fi efgarée fert à la rime, il n'eft pas inutile. En
profe mefme, auffi bien comme en vers, on fait fouuent la
repetition d'vne mefme parole pour faire en l'auditeur vne
plus viue & profonde impreffion, cela eft-il fuperflu? Icy le
mot d'efgarée eft vne finonime fagement employée, qui fait
voir que fon ame eftoit bien efgarée, de refpecter vn Amour
dont il voit pour l'heure la perte affeurée.

Ie rendray mon fang pur comme ie l'ay receu.

Le Cenfeur eft bien empefché de trouuer chez les Medecins, que les mauuaifes actions corrompent le fang : C'eftoit
en la Morale où il falloit chercher; là il auroit appris que
les paffions, comme nous auons dit, font fouffrir le cœur, &
en fuitte tout le corps qui reçoit l'influence de luy, & les
Medecins luy auroient dit en preuue de cecy, qu'vn amour
violent, ou vne trifteffe exceffiue, nous caufent la jauniffe
l'agitation de l'ame efchauffant les efprits du corps : ceux-cy

font boüillir l'humeur bilieufe, regorger & fe répandre du vaiffeau qui la contient vers le foye, d'où puis apres elle eft communiquée à tout le corps par les veines, où venant à s'éuaporer, elle teint de fa couleur jaune toute la peau du corps. Par là il apprendra que les mauuaifes actions peuuent corrompre le fang. Il deuoit auffi auoir eftudié la matiere des equiuoques, & que le fang fe prend auffi pour la ratte, d'où nous venons. Le traducteur dit donc icy que par vne courageufe mort refiftant à la lafcheté, on rend pur & fans tache de des-honneur le fang qu'on a receu par la naif-fance.

Ce grand courage cede

Il affemble icy de diuers endroits quatre vers ou le mot de grand eft employé. Ie trouueray bien cinquante fois dans fon petit cahier le mot de choquer; & fi ie veux faire comme luy, ie luy en feray crime. Mais vn bon efprit s'arrefte aux chofes, non pas aux paroles : C'eft regarder fi l'efpoufée a de beaux rubans au lieu de voir fi elle eft belle.

Pour le faire abolir font plus que suffisants.

Il dit, que plus que fuffifans, eft bas & populaire. Tout le difcours traifnant de noftre Cenfeur, ne nous apprend point que fa phrafe foit plus efleuée. Il dit auffi que plus que fuf-fifant ne veut rien dire. Il faut l'enuoyer aux Rudimens, ou les declinaifons luy donneront nouuelles du pofitif & du comparatif : Là il fçaura que le comparatif porte touiours en fa fignification le mot de plus, en quoy il furpaffe le

pofitif. Plus noble dit dauantage que noble; & ainfi plus
que fuffifant veut dire qu'il y en a de refte.

Faire l'impoffible.

Il en dit autant icy faute de fe fouuenir de fa rethorique,
qui vfe parfois de l'hyperbole, comme en ce lieu. Faire l'impoffible veut dire, faire plus que les autres, donc l'effort fe
termine à ce qui eft faifable, & celuy qui les furpaffe eft dit
faire l'impoffible, à caufe qu'il va plus auant qu'eux.

Elle a trop fait de bruit pour ne pas saccorder.

Il dit qu'il faut mettre pour n'eftre pas accordee. Mais où
tous les Latins font des beftes, où il eft fans raifon. Ceux-là
tiennent pour plus noble la phrafe de parler par l'infinitif,
comme celle du Traducteur, que l'autre qui fe fait par les
participes, comme la mis noftre Cenfeur.

Les hommes valeureux le font du premier coup.

Ce premier coup luy fafche, peut eftre qu'il la frappé trop
rudement. Auffi dit-il qu'il eft trop bas, & non pas affez
éleué : l'effet eft bien plus dur que la menaffe. Si vous luy
demandez pourquoy, il ne peut alleguer que fon caprice,
& l'enuie qu'il a qu'on le croye, fans autre preuue que fon
dire.

Vous laiffez cheoir ainfi ce glorieux courage.

Faire cheoir vn courage n'eft pas parler proprement, dit-
il : Ce que i'accorde : mais c'eft luy qui le dit. Noftre Traducteur vfe de laiffer, mais non pas de faire cheoir le courage

rage : à faire cheoir il y a de l'action ; à laiffer cheoir il n'y a que du defaut d'agir, l'vn ne paffe pas pour l'autre. C'eft donc fort proprement parler, difant laiffer cheoir le courage, parce que c'eft exprimer, que par lafcheté & faute d'employer fa vigueur on laiffe defaillir & degenerer fon courage.

Si deffous fa valeur ce grand guerrier s'abat.

Il rejette le mot de s'abat, à caufe qu'il approche de celuy de fabat. Ie fuis d'aduis qu'il corrige encore l'Eglife, qui a retenu le mot de Sabat en toutes les langues, au lieu de repos, pour la dignité du mot, comme a fait *alleluya* : D'autant qu'au calcul de noftre Cenfeur, il ne doit pas eftre bon, puis qu'il a le mefme fon que le fabat des forciers. Cette cenfure, & toutes les autres, caufent dans les cœurs qui aiment le CID, bien plus de pitié que d'indignation. Dix mille femblables rencontres de paroles en mefme fon nous en interdiroient l'vfage, fi cette éceruelée cenfure eftoit receuable.

Le Portugal fe rende & fes nobles iournées.

Il fallait dire exploicts, au lieu de journées. Ie ne me fouuiens point d'auoir de ma vie leu Autheur où i'aye tant obferué de fautes qu'en noftre Cenfeur, qui feulement ne fçait pas la fignification grammatique des mots. Exploict fe prend pour toute action, ou vn courage guerrier a le deffus de fon ennemy, foit en rencontre, foit efcarmouches, ou en toute autre façon. Mais journée fe prend feulement pour vne bataille. Et mefmes à la mode, nous difons la journée

5

d'Aven, d'où nous vint tant d'enseignes gaignées sur l'ennemy.

Au milieu de l'Afrique arborer ses lauriers.

Ce mot d'arborer, dit-il, est fort bon pour les estendarts;
ne vaut rien pour les arbres, il y falloit mettre planter.
Voicy vn iugement qui se soustient comme lierre. Dès le
premier vers il a banny la phrase de ieune ferueur, par ce
qu'elle est metaphorique. Icy il establit vne metaphore pour
destruire vn terme propre; & dit qu'arborer se prend bien
pour les estendarts. Voilà qu'il esleue & rehausse la metaphore & qu'il ne peut estre bien dit des arbres, qui est sa
propre signification. Tellement qu'arborer vne piece de
cinquante aulnes de taffetas accomodees en estendart sera
bien parler; & arborer des lauriers sera mal dit. Ne se prenant pas garde qu'arborer en cet endroit veut dire dresser,
& mettre en éuidence, qui est metaphorique.

> *Pleurez, pleurez mes yeux, & fondés vous en eau,*
> *La moitié de ma vie a mis l'autre au tombeau,*
> *Et m'oblige à venger apres ce coup funeste*
> *Celle que ie nay plus, sur celle qui me reste.*

Ces quatre vers ne sont qu'vne hapelourde au dire du
Censeur. Car premierement, yeux fondus donnent vne
vilaine idee à tous les esprits delicats : on dit bien fondre
en larmes. Ie demande si fondre en larmes donne vne idée
moins vilaine que les yeux fondus. Vous le verrez icy bas
faire l'Anatomiste d'vne aussi belle façon, que si ce pauure
homme eust seulement ouy parler vne malheureuse fois en

sa vie de la composition de l'œil : Il se seroit affranchy de la
lourde cheute qu'il fait icy, parce qu'il auroit appris que
l'œil est composé entr'autres parties de cinq tuniques, &
de trois humeurs ; le vitree, le cristallin, & l'aqueux, pour
parler en termes de l'art, le dernier estant comprimé par le
froid ; on en exprime les larmes comme on fait l'eau d'vne
esponge en la pressant : si bien que l'humeur aqueux faisant
partie de l'œil, qui est vn organe, & par consequent basty
de parties dissimilaires, ou heterogenes, quand il se fond &
se respand en larmes ; par la figure sinechdoche l'œil est fort
elegamment dit se fondre en eau.

Il trouue encore mal dit qu'vn pere soit la moitié de la
vie, & que d'vne maistresse on le peut bien dire. Ie prie les
honnestes gens de remarquer si le Censeur pense tant soit
peu à ce qu'il dit. Vne maistresse, à son dire, peut bien estre
appelée la moitié de la vie. Ie l'auoüe auec luy : mais c'est
selon l'estre mal, qui les alie par mariage ; que s'il y inter-
uient quelque chose de Physique, ou reel, c'est qu'ils se rencontrent comme causes partiales à produire vn mesme effet,
duquel chacun d'eux contribuë sa moitié ; mais par relation
de l'vn à l'autre on ne les peut pas dire moitiez. Si fait bien
le fils au respect du pere, puisqu'il est vne partie de sa substance, qu'on peut dire moitié à cause qu'elle emporte auec
soy la vertu formatrice, & la puissance augmentatrice qui
rend cette substance communiquee aussi grande que celle du
pere. Et ces deux moitiez se pouuans dire de la sorte, estant
vray que l'amy a tué le pere ; on peut dire qu'vne moitié a

mis l'autre au tombeau. Et quand à ce qu'il auance, que de
dire qu'vne troifieme moitié marche & parle apres auoir
perdu ces deux moitiez ; c'eſt vne fauffe lumiere. S'il y
prends garde : vne femme parle & marche apres la mort de
fon mary, qui eſt vne moitié d'elle. Et encores il verra
forces gens, dont la teſte parle & fe meut, n'ayant à peine
que la moitié de la ceruelle qu'il luy faut. Ie ne parle d'aucun ; il n'y prendra part qui ne veut.

Il defchire mon cœur fans partager mon ame.

Ce vers, dit-il, n'eſt qu'vn galimathias pompeux. Il fe
fert de ce mot de galimathias, comme d'vne felle à tous
cheuaux. Et imite ces fçauans par ironie, qui quand on leur
demande la caufe de quelque effet qui fe voit en la nature,
dont la caufe eſt incognuë : Ils refpondent que c'eſt la volonté de Dieu, qui eſt confondre & enueloper par vne eua-
fion & fuitte toutes les caufes prochaines de l'effet, dont eſt
queſtion, & n'en affigner aucune propre & immediate. Tous
les deffauts de diuerfe nature, doiuent auoir des caufes diuerfes ; & les manquemens qu'on fuppofe en noſtre Traducteur, au lieu d'en affigner les caufes toutes diuerfes, le
Cenfeur les reduit toutes à vn galimathias. C'eſt parce que
n'ayant pas l'efprit affez fertile ou affez fçauant pour diftin-
guer la nature des fautes, & les renuoyer chacune à fa caufe
particuliere, il pretend de nous jetter de la pouffiere dans
les yeux, en difant que c'eſt vn galimathias, que ie iugerois
bien qu'il n'entend pas luy-mefme, ny ne fçait la forte de

la signification, que ie ne veux pas lui apprendre icy, pour ne decouurir pas dauantage son tort. Il pretend qu'en ce vers le cœur & l'ame sont pris pour la partie ou resident les passions. Cela me fait vne pitié sensible, que cet homme n'ayant iamais pû comprendre, pour ne l'auoir pas appris, que l'ame en l'homme n'estant qu'vne fois les sonctions de toutes les trois vies, vegetante, sensitiue, & raisonnable. à quoi elle se sert de diuers organes du corps, entre lesquels le cœur est veritablement le siege des passions, parce qu'elles sont impression sur luy, comme nous auons dit, & qu'elles ont besoin de ces esprits ; tout ainsi que la mesme ame se sert du cerueau & de ses esprits animaux pour vacquer à la cognoissance de l'ame sensitiue : mais se seruant de ces diuerses facultez, comme vn Roy de ses officiers : Il y a aussi peu de raison de dire que l'ame soit le cœur ou le cerueau, que de dire qu'vn Roy soit la mesme chose que ses officiers. On peut donc déchirer le cœur sans partager l'ame, parce que les passions de douleur le traictent auec rigueur, sans que l'ame soit partagée, puis que comme raisonnable les passions sont au-dessous d'elles, & ne la peuuent atteindre : Et de là mesme il se voit qu'elle ne peut estre leur sujet, puisque celles-là sont sensibles, & celle-cy spirituelle, qui n'est point capable de receuoir aucun accident corporel, comme sont les passions.

Quoy? du sang de mon pere encor toute trempée.
Quoy? du sang de Rodrigue encor toute trempée.

Il dit que ceste conformité de mots, de rime & de pensée

monſtre vne grande ſtérilité. A quoy ie reſponds, qu'il eſt
luy-meſme fort ſtérile, de n'auoir point en l'ame la cognoiſſance que la veuë, l'ouye, & les autres ſens, pour eſtre propre aux animaux, ne ſont pas moins propres aux hommes,
puis qu'il y a raiſon commune entr'eux ; & qu'ainſi puis
qu'il y a conformité de penſée entre ſon pere & Rodrigue
en la teinture de leur ſang tout rouge encore ſur l'eſpée qui
les a frappez, pourquoy ne le peut-on pas dire ?

Mais ſans quitter l'enuie.

Il veut qu'on die ſans perdre, & que quitter n'eſt pas
dans ſon lieu : Il nous deuoit cotter l'endroit où il le faut
mettre. Et ſi on le preſſe de dire pourquoy il n'eſt pas bien
là, nous n'aurons autre reſponce que la preuue ordinaire
de la populace, à la quelle demandant pourquoy, elle reſ-
pond : Parce. Toutes les ſentences de noſtre Cenſeur,
& tous les aduis qu'il nous donne, ſont des propoſitions
que les Logiciens nomment indémonſtrables ; c'eſt à dire
qu'elles n'ont point de preuue ; pour cela on les appelle
auſſi premieres, d'autant que par elles les preuues com-
mencent ; & par iuſte raiſon on ne les peut prouuer. De la
meſme façon noſtre Cenſeur n'eſt point obligé de nous
fournir des raiſons de ſon dire, à cauſe que c'eſt en luy que
commence l'vſage qu'il nous veut faire receuoir pour loy,
mais nous qui vſons de raiſon, luy dirons que quitter eſt
mieux icy que perdre, nous perdons ce qui nous abandonne à noſtre deceu, & ſouuent à noſtre regret, mais nous

quittons auec liberté, & volontairemét ce dont nous deſi-
rons nous deffaire. Icy donc le Traducteur dit qu'on ne
veut ny perdre faute de ſouuenir ny quitter par manque de
vouloir.

Aux traits de ton amour ny de ton deſeſpoir.

Ce mot de trait, dit-il, eſt populaire, s'il eut dit aux effets
de l'amour la phraſe euſt eſté plus noble, & ie dis qu'elle
euſt eſté plus ignorante & la marque d'vn eſprit qui ne ſçait
pas que l'amour a ſes mouuemés plus vifs que nó pas vne
fleche, & que l'objet qui le cauſe bleſſe le cœur auſſi, & va
plus viſte que le traict, puiſqu'il agit en vn inſtant. Les
images des choſes qui attaquent nos ſens ne veulent point
de temps pour faire leur coup en vn moment, elles nous
touchent, Dauid meſme explique les objets qui frappent nos
ſens par vne ſagette volante qui nous bleſſe en plain midy,
c'eſt à dire en la veuë des objets. Ce mot d'effet que le Cenſeur veut faire paſſer pour meilleur, que celuy de trait, ſe
prend plus toſt pour les conſequences & pour la ſuite de ce
qui arriue apres que non pas pour la bleſſure du cœur que
le trait d'amour a entamé, ainſi que la jauniſſe d'vne
Amante n'eſt pas le trait, mais l'effet de l'Amour, c'eſt à
dire, un effet poſterieur à celuy qui a touché le cœur.

Vigueur vainqueur, trompeur peur.

Ce ſont des rimes trop proches, il pretend que les deux
premieres ſoient fauſſes rimes, mais il eſt en erreur de
penſer que la veuë ou meſme la raiſon ſoit le iugement de

la rime, c'eſt l'oreille qui en doit cognoiſtre, puiſque la rime eſt vne armonie, & vne compoſition de tons ou de voix qui font de fon gibier, & entre vigueur & vainqueur, l'oreille ne trouue point à redire.

Ma crainte eſt diſſipée & mes ennuis ceſſez.

Ce n'eſt pas, dit-il, parler François que de dire ceſſez, & qu'il falloit dire finis ou terminez, l'ancien prouerbe dit qu'il faut que les menteurs ayent bonne mémoire, de peur de ſe couper eux-meſme. Icy bas ce bon Seigneur, ne ſe ſouuenant pas qu'il auoit banny pour ſes crimes enormes le mot de ceſſez, reſpondant à vn vers, où il eſt dit, & leurs terreurs s'oublient, le remet en honneur en le rappelant de ſon banniſſement, diſant qu'au lieu de s'oublient il falloit dire ceſſent ou ſe diſſipent.

Où fut iadis laffront que ton courage efface.

Ce jadis ne vaut rien du tout, dit le Cenſeur, mais qu'il allegue, ou ſes titres & pouuoir de nous faire changer de langage, ou vn ſçauoir plus eminent, que le noſtre, qui nous monſtre par raiſon que nous ſommes en erreur de parler de la forte, tout changement eſt fondé ſur vne meilleure conſideration, laquelle ie ne ſuis pas en eſtat d'eſperer du Cenſeur, puis que ie ſuis contrainct de lui enſeigner ſes deffauts.

Et le fang qui m'anime.

Il dit que l'Autheur n'eſt pas bon Anatomiſte, ce n'eſt point le fang qui anime, car il a beſoin luy-meſme d'eſtre animé

animé par les efprits vitaux qui fe forment au cœur, & dont
l n'eft (pour vfer des termes de l'art) que le Vehicule, tout
cela eft le texte de noftre Cenfeur que i'allegue mot à mot,
pour faire l'enfilure de fes manquemens, le premier defquels
eft qu'il ne fçait pas que le fang qui n'a point de vie ne
laiffe pas de la donner & d'animer, mais comme inftrument
de l'ame, la femence auffi peu a-t'elle de vie, & toutesfois
elle la donne, ce n'eft pas icy le lieu de monftrer comment.
Le fecond eft, qu'il fe mefprend honteufement pour vn Do-
fleur qui s'eftablit Commiffaire pour iuger fi le fang anime
ou non, de dire que le fang foit animé par les efprits vitaux,
puifque ceux-cy ne font autre chofe que le plus pur du
mefme fang, & qu'il eft impoffible que les humeurs dont le
fang eft le plus noble puiffent eftre animees n'eftant pas
parties attachées par continuité au corps viuant, ils feruent
feulement d'eftoffe, ou pour nourrir, ou pour viure, ou pour
fentir fans qu'ils ayent rien de cela non plus que l'aliment
que nous prenons n'a point de vie, bien qu'il nous donne
dequoy la conferuer. Il peche en troifiefme lieu pitoyable-
mēt, en difant que le fang eft le Vehicule où le charroy
qui conduit les efprits, c'eft felon le monde renuerfé, faire
traifner les cheuaux par le carroffe peut eftre que quelque
fien coufin germain auoit ouy dire que la pituite eft le
vehicule du fang à caufe qu'eftant efpois, & elle fort liquide
venant à le diffoudre, luy donne le moyen de couler.

Leur brigade eftoit prefte.

Il debat icy fi Brigade eft au deffouz ou par de là le nom-
6

bre de cinq cens hommes. Pour moy qui ne fuis pas du meftier, ie m'en raporte aux gens de guerre, & croy que le Cenfeur auffi en doit faire de mefme, puifqu'il a mal employé cy-deffus, le terme de iournées de combat & de bataille, ce que i'ay à dire côtre luy en cet endroit, c'eft d'alleguer ces termes que voicy. *Quand on fe pique de vouloir parler des chofes felon les termes de l'art,* il en faut fçauoir la veritable fignificatiõ, autremét on paroit ridicule en voulant paroiftre fçauant, & luy repartir par cette fentence latine, *Paterè legem quã ipfe tuleris,* souffres qu'on vous fupplie de demeurer aux termes que vous prefcriuez aux autres.

Tant à nous voir marcher en fi bon equipage.

Il dit que c'eft parler en bon bourgeois, & qu'au lieu de ce vilain mot d'efquipage, il faloit dire en fi bon ordre, fi equipage eft vn vilain mot, il oblige fort la nobleffe chez qui ce mot fignifie l'Apparat, preparation & affortiment de qui leur eft neceffaire comme guerriers: fi bien que marcher en bon equipage porte vn autre fens que marcher en bon ordre. Ceftuy-cy exprime bien le reglement & la conduite qui s'obferue felon l'art militaire en marchant en belle ordonnance, mais l'autre declare que la trouppe eft equipee & bien fournie tant de bonnes armes que de toutes autres chofes neceffaires à la guerre vn regiment peut bien aller en ordre, & toutesfois eftre mal pourueu, & manquer d'vn bel efquipage.

Que ce ieune Seigneur endoffe le harnois.

Endoffer le harnois eft vne vieille phrafe fur-annee, com-

me moult, pieça & ainçois, ces rares mots, *de meſchant, de vilain*, au lieu de mauuais, qui eſt un adouciſſement de meſchant, ſont à l'opinion du Cenſeur d'vne bien plus nouuelle façon, ils remets le iugement au plus mediocres eſprits.

Et leurs terreurs s'oublient.

Il dit que les terreurs qui s'oublient d'elles-meſmes eſt galimathias, & qu'il faut dire les terreurs ceſſent, comme ſi en paſſant de la peur en l'aſſeurance, l'on n'oublioit pas inſenſiblement la crainte precedente, côme on oublie les maux paſſez par l'arriuee du bien qui les ſuit : Il remet icy en honneur le mot de ceſſer qu'il auoit cy-deuant banny pour monſtrer qu'il n'eſt pas marchand à vn mot, & que ſon eloquence ſe monte & demonte comme vn horloge, n'eſtant pas encore bien certain quels ſont les bons ou mauuais mots qui doiuent auoir cours.

Contrefaides le triſte.

Faut dire, *feignez d'eſtre triſte*, contrefaite eſt trop bas pour la poëſie, comme ſi contrefaite n'eſtoit pas le meſme que feindre, & ne vouloit pas dire vne choſe qui n'a que la ſeule repreſentation externe d'vne autre.

Il accumule en ſuitte le mot de lauriers de diuers endroiĉts ou en vn ſi grand œuure, il ſe trouue auoir eſté pluſieurs fois employez, i'en dis autant de ſon galimathias mal entendu & mal couché par tout, ce qu'il ne ſçauroit dire du mot de lauriers.

Et donnez luy ſans luy accorder, comme on dit en Logique qu'il y euſt quelques termes vn peu rudes, ou mis en
vne aſſiette moins noble & releuée, qu'il ne ſeroit à deſirer,
ces legers & ſi peu frequens manquemens en vne ſi grande
piece où il y a cent mil bons mots bien ajuſtez, & parmy
vne infinité de grandes penſées, que ſont-ils autre choſe,
que comme des ombres pour donner plus declat aux viues
couleurs d'vne riche peinture? les mouches ſont de veri-
tables taches ſur le viſage d'vne belle femme, & pourtant
on les y applique bien à propos, par ce qu'elles embeliſſent,
par oppoſition de leur noir au blanc du viſage.

Enfin pour reſpondre à ce que le Cēſeur dit que la piece
qui nous a paruë en France n'eſtoit qu'vne traduction : Ie
le renuoye pour ſe detromper au Roman DV CID eſcrit en
langue Eſpagnole où il apprendra l'hiſtoire vraye ou fabu-
leuſe de Rodrigue & de Chimene, mais en vn ſtile de
Roman & denué des penſees & ornemens poëtiques.

FIN.

www.ingramcontent.com/pod-product-compliance
Lightning Source LLC
Chambersburg PA
CBHW052130090426
42741CB00009B/2020